KB186697

포커

알면 이길 수 있다

1

이윤희의 포커 아카데미 시리즈

포커 알면 이길 수 있다 ❶ 〈세븐오디〉 초이스 · 베팅편

1판 1쇄 발행 2019년 4월 30일
지은이 이윤희

펴낸이 배호진 | **펴낸곳** 도서출판 여백
주소 서울시 용산구 원효로 153, 8층 858호 [04363]
전화 02-798-2368 | **팩스** 02-6442-2296
이메일 ybbook1812@naver.com
출판등록 2018년 12월 18일 제 2002-000076호

ISBN 979-11-966036-1-8 04690
ISBN 979-11-966036-0-1 04690 세트

이 도서의 국립중앙도서관 출판사도서목록(CIP)은 서지정보유통지원시스템 홈페이지(http://seoji.nl.go.kr)와
국가자료공동목록시스템(http://www.nl.go.kr/kolisnet)에서 이용하실 수 있습니다.
CIP제어번호 : CIP2019011981

이 책의 판권은 지은이와 도서출판 여백에 있으며, 양측의 서면 동의 없는 무단 전재 및 복제를 금지합니다.

· 잘못된 책은 구입한 곳에서 바꾸어 드립니다.
· 책값은 뒤표지에 있습니다.

이윤희의 포커 아카데미 시리즈

포커

알면 이길 수 있다

1

세븐오디

초이스 · 베팅편

도서출판
여백

| 차례 |

재미있는 포커 이야기

『포커 알면 이길 수 있다』라는 책을 처음 낸지도 벌써 20년이 더 지났다.

그사이 독자 여러분들께서 보내준 너무나도 분에 넘치는 관심과 사랑에 진심으로 감사의 말씀을 드린다. 그래서 이번에『포커 알면 이길 수 있다』의 기존 이론 외에, 많은 독자 여러분들께서 요청했던 부분들과 지난번에 다루지 못했던 새로운 이론들과 40여 년간 필자가 경험했던 포커세계의 교훈, 포커상식 등을 소개한 '재미있는 포커이야기', 그리고 실전이론보다 훨씬 더 게임결과에 큰 영향을 주는 중요한 마음가짐들을 추가하여『포커 알면 이길 수 있다』개정판을 새로 발행하게 되었다.

세계 어느 곳의 포커게임장을 가보아도 따는 사람과 잃는 사람은 거의 정해져 있다고 해도 절대 과언이 아니다. 고수는 거의 매일 따고, 하수는 거의 매일 잃는다는 뜻이다. 그렇다면 하수들은 왜 매번 잃는 것일까? 그리고 매번 잃으면서도 포기하지 않고 계속하는 것은 무슨 이유일까? 그 이유는 아주 간단하다.

하수들은 자신이 실력이 부족하다는 생각을 하지 않고, 또 설사 그런 생각을 하더라도 실력의 차이가 게임결과에 그다지 큰 영향을 주지 않는다고 생각하고 있기 때문이다.

그리고는 항상 "나도 패만 뜨면 딸 수 있어!"라며 자신의 패배를 단지 불운

한 탓으로 돌려 버린다. 이러한 사람들이야 말로 '포커판의 밥' 신세에서 영원히 벗어 날수 없는 너무도 어리석은 사람들이다.

노름판의 뒷전은 낳지도 말라고 한다는데 왜 항상 가장 먼저 올인을 당하고 뒷전으로 물러나는 수모를 당하는 것일까? 그리고는 그것을 당연한 듯 받아들일까? 분하지도 않고, 자존심도 없고, 이기는 싶다는 욕망도 없는 것일까?

돈을 주체할 수 없이 많이 가지고 있어서 의도적으로 돈을 잃어주기 위해 포커게임을 즐기는 것이 아니라면, 누구라도 이기고 싶다는 생각을 하는 것은 너무도 당연하다.

그렇다면 이제부터 여러분도 이기는 방법을 찾아야 한다.

이 책은 여러분에게 그 방법을 알려 줄 것이며, 여러분의 승률을 믿어지지 않을 만큼 올려줄 것이다. 동시에 포커게임에서 실력의 차이가 얼마나 무서운지를 깨닫게 해 줄 것이다.

모쪼록 이 책이 독자 여러분의 실력향상에 많은 도움이 되어 포커게임의 승자가 될 수 있기를 기원하며, 또 그렇게 되리라 확신한다.

2019년 4월

이윤희

초이스편

1장

실전에 앞서

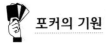

포커의 기원

　포커는 아주 오래된 여느 다른 놀이들과 마찬가지로 그 기원을 밝히는 데 상당한 어려움이 있다. 출처에 대한 문화적 사료들이 턱없이 부족한 이유도 있겠지만, 놀이가 지닌 특수성, 즉 놀이의 형태나 규칙이 지닌 가변성 때문이기도 하다. 그러므로 우리는 포커게임과 유사한 각국의 놀이를 비교하며 그 기원을 유추해볼 수밖에 없는 한계성을 지니고 있음을 밝혀둔다. 따라서 포커의 기원을 설명하기에 앞서 모체나 다름없는 카드의 기원을 먼저 살펴보고자 한다.

　카드의 기원을 거론할 때, 사람들은 흔히 카드가 서양에서 비롯된 것이라고 당연하게 여기곤 한다. 하지만 그 기원을 거슬러 올라가 보면, 동양에서 시작되어 서양으로 전파되었다는 것이 더 설득력이 있음을 알게 될 것이다.

카드의 기원에 대해서는 두 가지 대표적인 주장이 있다. 첫 번째는 7세기경 인도 사람들이 종교적인 목적으로 점을 치기 위해 썼던 카드가 집시들에 의해 유럽으로 전해졌다는 것이며, 두 번째는 같은 7세기경 중국 당나라에서 전설이나 설화에 등장하는 주요 인물과 숫자를 카드에 그려 넣어 점을 치는 데 사용했던 엽자葉子가 유럽에 전해졌다는 것이다.

그 주장의 진위를 떠나 두 가지 모두 점을 치기 위한 주술적 용도로 카드가 만들어졌다는 내용은 매우 흥미롭다. 그러나 애석하게도 이 두 주장을 뒷받침해 줄 어떠한 문헌적 기록이 현재 남아 있지는 않다.

주술적 목적으로 사용되었든 아니었든 중국이나 인도에서는 오래전부터 카드가 놀이의 일부가 되어 있었다. 10세기경, 중국에는 도미노Domino라는 카드놀이가 있었으며, 이로부터 600년 후 인도에서는 이와 비슷한 간지파Ganjifa라는 카드놀이가 존재했다. 이 두 가지 카드놀이는 비록 형태나 규칙에서 오늘날의 포커게임과는 상당한 차이가 있었지만, 포커게임의 모태가 된 것만은 분명하다. 특히 이란의 나스Nas라는 카드놀이는 포커와 아주 유사한 형태를 지니고 있었다.

또한 서양에서 카드놀이가 유행하기 시작한 것은 11세기경이었으며, 그 당시에는 '한 조'가 78장으로 구성되어 있었다. 처음에는 잎사귀, 방울, 심장, 떡갈나무 열매 모양의 카드에 금화나 컵, 막대기, 칼 등의 문양이 그려져 있었다. 그 후 프랑스 사회에 동화되면서 이 문양들은 하트, 세 잎 클로버, 칼, 마름모형 등으로 변했다가 현재의 하트(♥), 클로버(♣), 스페이드(♠), 다이아몬드(♦)로 바뀌게 되는데, 각각의 문양은 애정·사랑(♥), 교제(♣), 파괴(♠), 재화·돈(♦) 의미한다. 카드의 색을 빨간색과 검은색으로 구분해 고안해낸 것 또한 프랑스였다.

그렇다면, 우리가 궁금해하는 포커게임은 과연 어디에서 어떻게 유래된 것일까?

포커의 기원은 사람들마다 여러 이론異論이 있을 수 있지만, 통상적으로 받아들여지는 포커의 효시는 지금으로부터 200~300년 전으로 거슬러 올라간다. 앞서 언급한 것과 같이 포커게임과 매우 흡사했던 이란의 '나스'라는 게임이 프랑스 해군에 의해 1890년경 미국에 전해지게 되었다. 이것은 이미 16~17세기에 프랑스와 스페인, 이탈리아 그리고 영국 전역에서 유행처럼 번져나가 많은 유럽인의 사랑을 독차지하고 있던 프랑스 카드놀이의 일종인 브르랑Brelan (같은 숫자의 카드를 3장 모으는 것)과 르네상스 시대 이탈리아의 프리메로Primero(4장의 카드 색을 모두 다르게 하는 것)와 무척 유사한 놀이라고 할 수 있다. 또한 이미 당시 영국에서는 블러핑, 소위 공갈로 사람들을 속일 수 있는 또 다른 카드놀이인 브래그도 함께 유행하였다. 특히 프리메로에서 영감을 얻은 프랑스의 태양왕 루이 14세가 고안한 앙비규ambigu는 현대 포커의 전형이 될 정도로 그 의미가 대단히 크다고 할 수 있다.

포커의 어원은 '두드린다'는 의미를 지닌 독일어 포흔Pochen에서 유래한 것으로 추정되는데, 15세기 독일에서 유행하던 이 카드놀이가 규칙이나 전략에 있어 실제 포커와 매우 닮았기 때문이다. 또한 18세기 이 놀이를 받아들여 나름대로 발전시킨 프랑스의 포크Poque 또한 포커라는 이름을 갖게 한 데 큰 영향을 미쳤다고 할 수 있다.

미국에서 최초로 포커라고 언급된 것은 조셉 코웰Joseph Cowell이라는 영국인 배우의 자서전에서였는데, 1829년 그가 방문했던 공연지인 뉴올리언스에서 4명이 모여 20장의 카드로 포커를 치는 것을 본 적이 있다고 언급하였다. 그리고 1843년 미시시피 강을 운행하는 증기선에서 전문적으로 도박을 하는 모습을 보고 참담한 심정을 글로 옮긴 조나단 그린Jonathan H. Green의 저서에도 포커에 대한 내용이 기록되어 있다.

한편 현재의 포커게임처럼 52장의 카드로 정착된 것은 1834년부터이다. 그러나 1858년 이전까지는 여전히 포커게임에 관한 룰을

언급한 책은 전혀 발견되지 않았다. 1860년에 발행된 책에서도 포커를 새로운 게임으로 인정하지 않았지만, 그럼에도 점차 자유로운 베팅을 허용하는 새로운 규칙이 하나씩 새로 생겨나기 시작했다.

이러한 발전의 대부분은 1861~1870년 사이의 10년 동안 이루어졌는데, 남북 전쟁1861~1865 때 양측 군인들 사이에서 유행한 것이 지대한 영향을 미쳤다고 할 수 있다.

이렇게 해서 발달하기 시작한 포커게임은 1870~1900년대 말에 이르는 사이 미국에서 국민들이 일상적으로 가장 많이 즐기는 게임 중 하나로 발돋움하였다. 20세기 초부터는 전 세계 곳곳으로 급속히 퍼져 나가게 되었으며, 가장 미국적이고 신사적이며 합리적인 게임의 대명사로서, 오늘날 지구촌의 많은 사람들이 즐기는 게임의 하나로 자리 잡았다. 이제 전 세계인의 폭발적인 사랑을 받으며 인기를 누리게 되었는데, 특히 미국에서는 '내셔널 게임'이라고 칭할 정도이다.

또한 두뇌 스포츠로 인정받아 매년 세계적인 규모의 포커 대회가 성황리에 열리고 있다. 포커 대회 입상자들은 엄청난 부를 얻을 뿐 아니라 할리우드 스타와 같은 대접을 받기도 한다. 일례로 젊은 나이에 세상을 떠난 전설적인 승부사 스튜 엉거Stu Unger를 기려 '하이

롤러'라는 영화가 제작되기까지 했다.

많은 포거 대회 중에서도 'WSOP World Series Of Poker', 'WPT World Poker Tour'와 같은 대회에는 참가자들 또한 정치인, 변호사, 의사, 프로 스포츠 구단주, 유명 운동선수, 할리우드 스타, 호텔 경영인, 사업가 등 사회 저명인사들이 즐비하다. 물론 이러한 저명인사들이 좋은 성적을 내는 것은 쉽지 않아 대부분 예선에서 탈락하지만, 탈락한 후에도 "아쉽지만 다음에 다시 도전하겠다. 아주 즐거웠다"라며 환하게 웃으면서 인터뷰를 한다. 그 모습을 보면 포커를 도박으로 폄하하는 우리나라와 달리 훌륭한 두뇌 스포츠로 여기고 있음을 잘 알 수 있다.

그리고 대회마다 여성 참가자들이 심심치 않게 등장해 실력을 과시하면서 포커가 남자들만의 게임이라는 통념도 무너진 지 오래다. 뿐만 아니라 60, 70대의 중후한 신사들이 노익장을 과시하며 젊은 이들과 한데 어우러져 승부를 겨루는 모습도 대회의 백미 중 하나다. 이처럼 남녀노소 상관없이 모두가 동등한 조건에서 실력을 겨룰 수 있다는 점은 포커게임이 가진 가장 큰 매력이라고 할 수 있다.

포커게임의 인기를 반영하듯 미국 ESPN과 폭스스포츠 채널에서는 거의 매일 포커 대회를 방송하고 있는데, 카레이싱과 슈퍼볼에 이어 시청률 또한 꽤 높은 편이다. 이러한 관심에 부응하여 2009년에는 포커를 공식적으로 관할하는 기구인 IFP International Federation of Poker가 스위스 로잔에 창설되어 포커게임을 정식 스포츠 경기로 프로모션하는 데 박차를 가하고 있다.

이처럼 포커가 두뇌 스포츠로 그 가치를 인정받아 많은 스포트라이트를 받는 미국과 서양의 다른 나라들을 보며 필자는 항상 부러움을 느끼곤 했다. 아직은 문화의 차이로 이런 포커 대회가 우리나라에서 열리기를 기대하는 것은 어려운 일일 것이다. 하지만 언젠가는 우리나라에서도 포커게임이 정당한 두뇌 스포츠로 인정받아 멋진 포커 대회가 열릴 수 있기를 기대해본다.

 ## 이기고 나서 정의를 찾아라

원래 포커게임은 상당히 합리적이고 민주적인 게임이다. 이길 자신이 있을 때는 승부를 걸고, 자신이 없을 때는 언제라도 기권하여 피해를 줄일 수 있기 때문이다. 즉 모든 승패는 본인 스스로가 결정하며, 결과는 오직 본인의 잘잘못에 의해 좌우된다는 것이다.

그러므로 끊임없이 계속되는 정확한 판단과 두둑한 배짱이 필요하고 고수와 하수의 차이가 분명히 생기며, 그렇기에 포커게임은 결코 쉬운 게임이 아니다.

포커게임에서 좋은 승률을 올리기 위해서는 정확한 판단력과 두둑한 배짱을 가지고 있어야 할 뿐 아니라 남들보다 조금이라도 더 기다리고 참을 수 있는 인내심도 있어야 한다. 여기에 뛰어난 실전 이론과 풍부한 경험까지 가지고 있다면, 아마도 그러한 사람은 포커게임의 진정한 고수라고 할 수 있으리라.

인간사의 모든 일, 사업, 학업, 스포츠, 또는 취미생활 등등 모든 것이 스스로 노력하고 힘과 정열을 기울일수록 결과도 좋고 기술적인 노하우도 체득할 수 있다는 것은 당연하다. 아마도 이러한 이론에 이의를 제기할 사람은 아무도 없을 것이다.

그런데 이상하게도 포커게임에서는 포커를 배운 지 일주일밖에 안된 사람이 10년 동안 포커게임을 해온 사람의 실력을 인정하지도 두려워하지도 않는다.

그저 '포커는 패 떠먹기'라는 말도 안되는 스스로의 아집을 신념처럼 믿고 있는 우매한 하수들이 너무도 많다. 이 책은 그러한 하수들의 편한 생각이 얼마나 위험하고 잘못된, 그리고 말도 안되는 생각이었는지를 증명할 것이며 깨닫게 해줄 것이다.

오늘날 전 세계의 많은 사람들이 실제로 즐기고 있는 포커게임의 종류는 약 50여 가지 정도이다. 그리고 우리나라에서 즐기고 있는 포커게임의 종류는 30여 가지 정도로 문헌에는 100여 가지 종류의 포커게임이 나와있지만 실제 그 게임을 하고 있는 사람들은 거의 없다는 것이다.

그랬을때 어떠한 종류의 포커게임에서든, 자신이 가지고 있는 패의 가치는 그 패의 수학적 확률(잡는 횟수)에 반비례하여 높아진다는 공통점이 있다.

예를 들어 5장을 가지고 하는 포커게임의 경우 각각의 족보를 가질 가능성은 다음의 표와 같다.

족보	잡을 수 있는 종류	확률
스트레이트 플러시 Straight Flush	40	1 / 64,974
포카드 Four of a Kind	624	1 / 4,165
풀하우스 Full House	3,744	1 / 694
플러시 Flush	5,108	1 / 509
스트레이트 Straight	10,200	1 / 256
트리플 Three of a Kind	54,912	1 / 48
투페어 Two Pair	123,552	1 / 21
원페어 One Pair	1,098,240	1 / 2.5
노페어 No Pair, Nothing	1,302,540	1 / 2
	2,598,960	

- 52장 카드의 팩으로써 가능한 패의 종류는 모두 2,598,960가지이다.

- 스트레이트 플러시가 40종류라고 하는 것은
  스트레이트 플러시는 40(4×10)가지가 있다는 의미이다.

- 마찬가지로 포카드는 624(13×48)가지가 있다는 의미이다.
  13은 포카드의 종류가 13가지라는 것을 의미하며(A~K),
  48은 나머지 1장은 48장 중 어떤 것이 와도 상관없기 때문이다.

위의 표는 5장을 가지고 하는 포커게임의 족보를 잡는 확률을 나타낸 것이기에 세븐오디 게임이나 또 다른 게임에서는 약간의 차이가 있겠지만, 그 기본적인 골격과 맥은 거의 똑같다(카드를 받는 숫자가 많아질수록 높은 족보를 잡을 가능성도 그만큼 커진다).

참고로 우리나라 사람들이 포커게임을 할 가장 많이 즐기고 있는 세븐오디 게임에서 각각의 족보를 잡을 확률은 아래의 표와 같다.

족보	확률
로얄 스트레이트 플러시 Royal Straight Flush	1 / 32,000
스트레이트 플러시 Straight Flush	1 / 3,500
포카드 Four of a Kind	1 / 595
풀하우스 Full House	1 / 38
플러시 Flush	1 / 33

스트레이트 Straight	1 / 22
트리플 Three of a Kind	1 / 20
투페어 Two Pair	1 / 4
원페어 One Pair	1 / 2.5
노페어 No Pair, Nothing	1 / 5.7

● 세븐오디 게임 패의 종류는 모두 133,784,560가지이다.

물론 실전 포커게임에서 이러한 확률을 계산하고서 게임에 임하는 사람은 거의 없겠지만, 속칭 '메이드'라는 패를 한 번 잡기가 이렇듯 어려운 것이라는 점을 참고 삼아 알아두는 것도 흥미있는 부분이다.

포커게임의 종류는 매우 다양하다. 여러분이 잘 알고 가장 많이 즐기는 세븐오디와 로우바둑이 게임을 비롯하여,

● 세븐오디 하이로우   ● 하이로우 바둑이
　　　　　　　　　　　(깜깜이 바둑이, 오픈 바둑이)   ● 텍사스홀덤

● 플러시 바둑이   ● 깜깜이   ● 한강, 두만강, 섬진강

● 버닝 하트   ● 로우볼, 하이볼   ● 식스투 커트

등등 열거한 이외에도 수많은 종류의 게임이 있지만, 모든 게임이

정확한 판단력과 두둑한 배짱이 필수요소라는 점에서 그 기초적인 맥을 같이 한다고 볼 수 있다. 다시 말해, 단지 각각의 게임이 하는 방법과 스타일이 다를 뿐 세븐오디를 잘할 수 있는 사람은 로우바둑이도 잘할 수 있으며, 또 나머지 모든 게임 역시도 잘할 수 있다는 뜻이기도 하다.

포커게임을 하는 사람이라면 세븐오디를 모르는 사람은 없으며, 그리고 세븐오디를 잘 못하면서 다른 게임들을 잘하는 사람을 필자는 거의 본 적이 없다.

물론 다른 모든 게임을 잘하는데, 세븐오디는 하지 않으려는 고수들은 많이 있는 것이 사실이다. 그러한 고수들이 세븐오디를 하지 않으려는 이유는 세븐오디가 자신이 없어서가 아니라, 다른 모든 게임에 비해 하수와 고수 간의 실력 차이가 가장 적게 나는 게임이기 때문이라고 이해해야 한다.

뒤에서도 다시 한 번 언급할 기회가 있겠지만, 로우바둑이 또는 다른 모든 하이로우 게임은 하수가 고수에게 이기기가 세븐오디보다 훨씬 더 어렵기 때문이다.

포커게임이란 참으로 묘하다. 아니, 어찌 생각해보면 승부가 걸린 어떠한 게임에서라도 스스로 미리 '왠지 나는 꼭 질 것 같다'라고 느끼는 경우야 드물겠지만, 특히 포커게임에 임하는 사람들은 백 명이면 백 명 모두가(10번 이상을 해서 한 번도 이겨본 적이 없는 사람이라도)

"여태까지는 정말 재수가 없어서 졌지만 오늘은 절대로 지지 않는다."라는 식의 자아도취에 빠져 있다. 물론 승부를 겨루는 데 있어서 자신감을 가지는 것이야 절대로 나무랄 수 없는, 아니 오히려 칭찬해야 할 부분이다.

하지만 그것은 어느 정도 비슷한 실력이거나 또는 실력 차이가 조금밖에 나지 않는 상황일 때의 이야기이며, 실제로 실력 차이가 현저하게 많이 나는 상황이라면 그러한 생각은 하수의 오기 또는 만용으로밖에는 볼 수가 없다.

포커게임뿐만이 아닌 승부가 걸린 어떠한 게임이나 운동경기에서라도, 실력 차이가 많을 경우에는 하수의 입장에서 와신상담 노력을 하여 실력을 기르든지, 아니면 정당한 승부가 될 수 있도록 고수로부터 어느 정도의 어드밴티지를 받아야 한다.

그런데 고수로부터 어드밴티지를 미리 받는다는 것은, 바둑이나 장기, 당구, 볼링, 골프 등과 같은 경우라면 가능한 이야기일 수도 있겠지만(물론 아마추어의 승부에서), 포커게임에서는 고수라 하여 하수에게 어드밴티지를 준다는 것이 도무지 말이 안되며 현실적으로 불가능하다.

세븐오디 게임을 하면서 아무리 고수라 할지라도 남들은 모두 7장의 카드를 받는데 자신만 6장을 받을 수는 없고, 고수라 하여 하수가 베팅하는 금액의 1.5배 또는 2배의 금액을 베팅하라고 할 수는 더더욱 없다.

그렇기 때문에 포커게임에서 살아남기 위해서는 남들보다 강한 실력을 길러야 하며, 그것이 어렵다면 최소한 남들과 동등한 정도의 실력은 갖추어야 한다. 만약에 그것마저도 안 된다면 선택은 둘 중 하나, 돈으로 막든지 아니면 포커게임을 하지 말아야 한다는 결론밖에 없다.

"포커게임에서 실력 차이가 그렇게 큰 의미가 있는 것인가?"
"정말로 포커게임 실력을 기를 수 있는 것인가?"
"실력을 기르려면 어떻게 해야 하는가?"

이와 같이 하수들이 인정하기에 인색한 의문점들을 이 책에서 하나씩 풀어나가며 이해시켜줄 것이다. 물론 100% 완벽하게 여러분을 만족시켜 드리지는 못하겠지만, 분명한 사실 한 가지는,

"그것은 왜 잘못된 것이며…."
"이것은 왜 이렇게 해야 하며…."
"이 때는 왜 죽어야 하며…."
"이 때는 왜 승부를 해볼 가치가 있으며…."
"이 때는 왜 승부를 해서는 안 되는지…."

등등의 꼭 필요하고 중요한 사항들을 설명하면서 여러분들의 잘못

되었던 고정관념을 고쳐나갈 것이며, 여러분들이 미처 생각하지 못했던 부분들을 일깨워줄 것이라는 점이다.

포커게임에서는 천하에 둘도 없는 고수와 하수간의 게임이라 할지라도 고수가 하수에게 어떠한 어드밴티지도 주지 않는다는 점이 바로 고수들에게는 한없이 큰 즐거움이며, 하수들에게는 극복해야 할 가장 큰 어려움이다. 동시에 이것이 포커게임의 매력이자 함정이다. 어떻게 해서든 실력을 길러 고수들의 만만한 사냥감 신세로부터 탈피해야 한다.

모쪼록 이 책이 여러분들의 실력향상에 큰 도움이 되어 고수들의 만만한 사냥감 신세에서 해방되기를, 또 그 이상의 고수가 될 수 있기를 간절히 바라며 그렇게 되리라고 확신한다.

어떠한 경우에라도 이기는 것은 참으로 즐거운 일이며, 어떠한 이유에서건 지는 것은 유쾌하지 않은 일이다. 그렇기 때문에 우리들 모두가 학업에서, 사업에서, 운동경기에서 또는 취미생활에서, 그리고 포커게임에서도 승자의 희열을 느끼기 위해 끊임없이 노력하는 것이다.

승리가 모든 것을 정당화하고, 패배가 항상 비참하고 괴롭기만 한 것은 아니다. 하지만 언제든 패자의 변은 순수하고 솔직한 시인이라 할지라도 왠지 초라하고 구차하게 들리고, 승자의 변은 건방지고 무례한 언사라 할지라도 그저 자신감이 넘치고 강하고 의욕적으로 받아들여지는 법이다.

'이기고 나서 정의를 찾아라'라는 말의 의미가 바로 이런 것이기에, 우리들은 누구라도 이기는 방향의 길을 가고 싶어 하는 것이다. 이 책을 읽는 여러분들 모두가 이기고 나서 아량을 베풀 수 있고 이기고 나서 패자의 아픔을 돌보아줄 수 있는, 이기고 나서 정의를 찾을 수 있는 그러한 진정한 승자가 될 수 있기를 바란다.

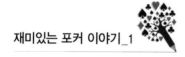

재미있는 포커 이야기_1

운일까 실력일까?

"나보다 더 훌륭한 투수는 수없이 많았지만, 나보다 더 운이 좋은 투수가 없었기에 그 영광을 내가 차지했을 뿐이다. 나에게 이런 큰 행운을 내려주신 신에게 감사한다."

130년이 넘는 미국 프로야구 역사상 1956년 월드시리즈에서 유일한 퍼펙트 게임의 대기록을 가지고 있는 전 뉴욕 양키스 투수 돈 라센Don Larsen은 퍼펙트 게임을 했을 때를 이렇게 회고했다.

과연 돈 라센의 대기록은 운이라고 봐야 할까, 실력이라고 봐야 할까? 프로갬블러 거스 핸슨Gus Hansen은 공격적인 플레이어로 유명한 세계적인 승부사이다. 핸슨은 대회에서도 시종일관 자신의 명성에 걸맞는 아주 공격적이고 과감한 플레이로 주위에서 지켜보는 팬들의 가슴을 졸이게 했다.

세계포커대회 결승전은 거의가 노리미트 홀덤으로 진행된다. 그리고 노리미트 베팅방식은 공격적인 플레이가 위력을 발휘한다. 하지만 아무리 공격적인 플레이가 유리하다 해도 노리미트 게임 방식은 단 한판에 승부가 끝나는 룰이므로 조그마한 방심이나 틈이라도 보여서는 곤란하다.

오래전의 일이다. 라스베이거스에서 열린 월드 포커 투어World Poker Tour대회에서 거스 핸슨은 지나칠 정도로 무리한 플레이로 일관했다. 불리한 상황에서도 주저 없이 승부를 거는 일이 비일비재했다. 당시 대회를 중계하던 해설자도 "거스 핸슨의 플레이는 정상이라고 보기 어려울 정도로 무모하다."고 일침을 가했고 그 장면을 보고 있던 필자 역시 해설자와 똑같은 생각을 했었다.

하지만 다음번에 펼쳐질 카드가 무엇인지 모르는 상황에서 일류 승부사인 거스 핸슨의 플레이를 아무도 나무랄 수 없었다. 일류 승부사들이란 확률보다 자신의 동물적인 감각에 의해 승부처를 만들 줄 알기 때문이다. 다시 말해 남들이 볼 땐 분명 불리한 상황이지만 자신이 상승세를 타고 있다든지, 아니면 승부가 걸린 상대방과는 왠지 게임이 잘풀린다든지 하는 식의 감각과 승부의 흐름에 의해 내린 결정일 수 있기에 아무도 그 결정에 토를 달수 없다는 것이다. 그리고 이러한 사실을 증명이라도 하듯 거스 핸슨은 불리한 상황에서 믿어지지 않을 만큼 연이어 역전을 거듭하며 챔피언에 등극하게 된다.

거스 핸슨이 챔피언으로 결정된 후, 해설자는 "우승자에게 많은 행운이 따른 시합이었다. 비록 우승은 했지만 오늘 핸슨의 플레이는 지나치게 무리했다."고 평가했으며, 게임 중 핸슨에게 패해 중도 탈락한 한 갬블러는 "핸슨의 저런 플레이는 언제든지 환영한다. 다시 한번 붙어보고 싶다."며 핸슨의 행운을 부러운 듯 꼬집었다. 필자 역시 핸슨의 플레이가 정상적이었다고는 보지 않는다. 하지만 그 핸슨의 플레이가 좀 전에 언급했듯이 자신의 승부 호흡에 의한 결정이었다면 그것은 정말 핸슨의 뛰어난 감각을 칭찬하지 않을 수 없다.

물론 아무리 거스 핸슨의 승부 호흡이 뛰어나다 해도 분명 위험한 플레이로 일관했다는 것만은 그 날의 시합을 지켜본 사람이라면 모두 같은 생각일 것이 틀림없다.

그렇다면 과연 핸슨의 우승은 운이라고 봐야 할까, 실력이라고 봐야 할까?

앞서 말한 돈 라센의 대기록, 그리고 거스 핸슨의 우승, 두 가지 모두 행운이 작용했다는 점은 분명하다. 그러나 필자는 실력이 뒷받침

되지 않는 운이란 결코 없다고 단언한다. 운동경기에서든, 포커에서

든, 우리의 인생에서든, 약간의 운이 작용함은 틀림없는 사실이다.

하지만 실력을 갖춘 후에 비로소 그 약간의 운이 따라온다는 사실

을 명심해야 한다.

2장

세븐오디
Seven Card Stud

모든 포커게임의 가장 기본이 되는 이 세븐오디 게임은 나중에 다루게 될 오픈 바둑이, 식스 투 커트, 깜깜이 하이로우, 세븐오디 하이로우, 강게임 등의 하이로우 게임과는 다른, 오직 하이만이 혼자 독식하는 게임이기 때문에 그만큼 더 냉정한 승부욕과 끝없는 인내가 필요하다.

포커를 시작하는 사람들이 가장 먼저 접하고, 어디서든 흔히 볼 수 있으며, 최초로 배우게 되는 것이 바로 이 세븐오디 게임이다.

모든 갬블이라는 것이 결국 하나의 목표로서 일치한다고 생각할 때, 포커를 최초로 접할 때 배우게 되는 이 세븐오디 게임이야말로 모든 포커게임의 기본을 정확히 체득할 수 있는 가장 중요한 게임이다.

또한 이 세븐오디 게임을 완벽히 소화해낸 사람이라면 누구라도 반드시 여러 종류의 모든 게임을 잘할 수 있다고 필자는 단언한다.

그렇기에 이 세븐오디 게임은 모든 게임의 가장 기본이 되는 게임이자, 가장 쉬우면서 또 가장 어려운 게임이라고 할 수 있다.

"할 때마다 깨져."

"이상하게 패가 안 떠."

"재수도 참 더럽게 없네."

"거기서 풀하우스가 안 뜨네."

"간만에 한 번 뜨면 왜 이렇게 장사가 안 되는 거야?"

"초장 포플에서 왜 맨날 마르는 거야?"

포커게임에서 지는 사람들의 변명이란 끝이 없다. 그들 (포커에서 항상 돈을 잃는 사람들 – 이제부터 하수로 표현)은 항상 재수를 탓하며, 자기들이 먹는 판은 항상 장사가 안 된다며 투덜거린다.

대한민국 어느 곳의 포커게임장을 가보아도 승자와 패자는 거의 변하지 않는다. 물론 승자와 패자가 거의 변하지 않는다고 하여 승자가 100%의 승률을, 패자가 100%의 패배율을 기록하는 것은 아니다.

하지만 아마도 그들의 승패율이 이쪽저쪽으로 80%이상은 웃돌 것이 틀림없다. 80%라는 수치를 놓고 평가한다면 다섯 번 중 네 번의 확률이다. 독자 여러분들은 "말도 안 되는 소리, 카드는 패 떠먹기다."라며 일축해버릴지 모르지만, 만약 그런 정도의 생각을 가진 사람이라면 승률은 좀 전에 언급한 20%도 안 되리라고 필자는 장담한다.

실력 차이가 나는 사람들이 게임을 할 경우 게임시간이 길면 길수록 하수가 고수에게 이기기 어려워지는 것이 바로 포커게임이다.

그러나 하수들은 이 너무나도 평범한 포커게임의 진리를 인정하지 않는다. 그리고는 항상 "나도 패만 뜨면 딸 수 있어."라며 자신이 지는 것은 단지 패가 안 뜨기 때문이라고 주장할 뿐 자신의 실력을 탓하지는 않는다.

그러나 그러한 사람이 만약 200점의 당구 실력을 가지고 있다고 가정할 때, 400점, 500점을 치는 사람과 같은 치수로 시합을 할 경우 10판 중 얼마나 이길 수 있을까를 생각해보면 결과는 불을 보듯 뻔하다. 아마도 혹자는 이러한 비교에 대해 "터무니없는 비교다. 당구는 기술이 필요한 게임이고 포커는 예상치 못하는 패를 가지고 하는 게임이다."라며 부정하겠지만, 그것은 어리석은 생각이다. 그렇다면 머리를 써서 하는 바둑이나 장기 같은 게임은 어떻고, 시험공부를 한 사람과 전혀 하지 않은 사람이 같이 시험을 봤을 경우의 결과는 어떻겠는가?

물론 이러한 비교가 정확한 비교라고는 말할 수 없지만, 포커게임을 할 경우 기본적으로 반드시 숙지해두어야 할 사항을 알고서 게임을 하는 것과, 단순히 들어오는 패에만 의존해서 게임하는 사람의 결과는 어느 쪽이 유리하겠는가?

그리고 그 기본적으로 알아두어야 할 사항이 많으면 많을수록, 정확하면 정확할수록 게임의 승률이 높아지는 것은 필연이다. 물론 그것으로써 승부가 100% 결정되는 것은 아니다. 아무리 실력 차이가 나더라도 아주 단편적인 기본만 알고 있으면 10~20% 정도의 승산은 기대할 수 있기 때문이다.

아무리 하수라도 하루 종일 끊임없이 패가 떠준다면 이길 수 있다. 하지만 그러한 황당무계한 확률에 희망을 걸고 게임을 한다는 것은 이미 지고 있는 것이나 마찬가지다.

이해를 돕기 위해 낚시나 골프의 경우를 생각해 보자. 낚시란 참으로 오묘하다. 미끼를 끼워서 비슷한 장소에 대충만 던져놓으면 된다고 생각하는 것이 평범하게 가끔씩 낚시를 즐기는 사람들의 편안한 생각이다.

하지만 좀 더 낚시를 좋아하고 즐기는 수준급의 낚시꾼들에게 "낚시란 자리로 끝나는 거 아냐?"라고 한다면 아마도 수준 높은 낚시꾼들은 "그래, 맞아-."하며 웃고 말 거다. 어차피 낚시의 참다운 기술을 모르는 이들에게 "이건 이렇고, 저건 저렇고…"하며 미주알 고주알 떠들어봐야 잘 받아들이지도 않고 입만 아프기 때문이다. 그러나 낚시를 끝낸 후의 조과는 언제나 그렇듯 변함없이 차이가 난다.

골프도 마찬가지다. 아마추어라도 어느 정도 수준에 오른 사람이라면 상대가 티업하여 스윙하는 것 몇 번만 보면 바로 "아, 이 사람은 어느 정도의 실력이구나."라는 진단을 내릴 수 있다. 물론 정확성의 차이는 있겠지만 그 진단이 정확할수록 고수라 할 수 있다. 골프에 핸디가 있고, 당구에 점수가 있고, 바둑에 급수가 있듯이, 포커에도 특별한 표현 방법은 아직 없으나 분명히 실력의 차이는 있다.

그렇지만 포커의 가장 큰 매력이자 함정이 바로 아무도 실력 차이에 대해 논하지 않는다는 사실이다.

과연 당구에서 200점을 치는 사람과 400점을 치는 사람이 같은 조건에서 승부할 수 있겠는가? 그리고 바둑에도 엄연한 급수가 있고 하수는 고수에게 본인의 실력 부족을 인정하고 2점, 3점, 또는 그 이상의 점을 미리 놓고 하지 않는가? 골프도 실력 차이가 조금만 있더라도 보너스 점수를 주며, 볼링도 역시 고수가 하수에게 어드밴티지를 주는 것이 상례이다(물론 프로페셔널이 아닌 일반인들의 간단한 내기게임의 경우를 의미한다).

그러나 포커게임은 볼링이나 골프와 같이 어드밴티지를 준다거나, 바둑처럼 점수를 미리 놓는다거나 하는 것은 논할 필요조차도 없다. 앞에서도 얘기했듯이 포커가 실력에 따라서 결과가 나오는 게임이라고 하여 고수에게는 6장만을 가지고 하랄 수 없으며, 또 매일같이 돈을 잃는 하수라고 하여 8장을 가지고 게임을 하게 할 수는 없다.

그렇다고 해서 고수가 베팅을 할 때마다 하수들은 그 액수의 반만을 베팅하게 하는 것은 더더욱 말이 안된다.

따라서 이 포커게임이야말로 고수들은 도저히 패배하기 어렵고, 하수들은 정말로 하늘이 도와주는 정도의 행운이 따라주지 않는 한 이기기를 기대하기가 어렵다고 생각해야 한다.

그렇다면 이렇게 이기기가 어려운데도 왜 수많은 하수들이 포커게임을 포기하지 않고 계속 하는 것일까?

그 이유는 너무나 간단하다. 하수들은 자신의 실력이 부족하다는 것을 스스로 인정하려 하지 않으며, 아니 어쩌면 애당초 포커게임에 있어서 실력 차이란 없다고까지 생각하는 우매한 하수들도 많기 때문이다.

그리고 대부분의 하수들이 실력 차이가 약간은 있다 해도 그것이 결코 게임 결과에 큰 영향을 주지는 않는다는 신앙에 가까울 정도의 믿음을 가지고 있다.

그래서 하수들의 이러한 사고가 얼마나 크게 잘못된 것인지를 필자가 이제부터 하나하나 증명하려고 한다. 독자 여러분은 이 책을 한 장 한 장 읽어가며 계속해서 고개를 끄덕이며 끊임없이 감탄하게 될 것이다.

그리고 한 가지씩 차례로 숙지하여 모든 내용이 여러분의 것이 되었을 때 비로소 여러분들도 포커판의 만만한 사냥감 신세에서 벗어나게 되리라고 필자는 확신한다. 또한 대한민국의 어느 포커판에 가서도 자신의 몸을 지킬 수 있을 정도의 쟁쟁한 실력, 아니 그보다 더 뛰어난 진정한 프로패셔널의 실력을 갖추어 항상 승리의 즐거움만을 느낄 수 있는 수준에까지 오르고자 할 경우라도 이 책의 내용은 반드시 숙지해야 한다.

어느 정도 고수라면 처음 보는 상대라 할지라도 같이 1~2시간 정도만 게임을 해보면 바로 상대의 실력을 알 수 있다. 상대의 실력이 만만치 않다고 느끼고 그와의 게임을 피할 수 있다면, 그 사람은 이미 어느 정도의 실력을 갖춘 것이라 할 수 있다. 그렇다면 그 고수라는 것이 도대체 어떤 것이며 어떻게 하면 될 수 있는지, 이제 그 길을 가보기로 하자.

대한민국에서 가장 많은 사람들이 즐기고, 모든 포커게임의 기본인 세븐오디를 잘할 수 있는 방법은 과연 무엇인가?

 ## 세븐오디 게임 룰과 진행방법

모든 포커 종목의 가장 기본이 되는 이 세븐오디는 포커를 시작하는 사람들이 가장 먼저 접하고, 어디서든 흔히 볼 수 있으며, 최초로 배우게 되는 게임이다.

그렇기에 이 세븐오디 게임만 잘 이해하고 실력을 갖춘다면 150

여 가지에 이르는 모든 포커 게임을 잘 할 수 있는 기본을 가지는 것
이라 보아도 무방하다.

그러면 우리나라에서 가장 많은 장소에서, 가장 많은 사람들이 즐
기고 있는 세븐오디 게임의 게임 룰과 진행 방법을 소개하기에 앞서
우선 포커 게임에서 사용되는 족보에 관해 먼저 알아보도록 하자.

포커 게임 족보	카드
로얄 스트레이트 플러시	♠A ♠K ♠Q ♠J ♠10
스트레이트 플러시	♥8 ♥7 ♥6 ♥5 ♥4
포카드	♠A ♦A ♥A ♣A
풀하우스	♦5 ♥5 ♠5 ♠A ♥A
플러시	♣A ♣10 ♣9 ♣6 ♣3
스트레이트	♠7 ♠6 ♠5 ♥4 ♦3
트리플	♠9 ♦9 ♥9
투페어	♦A ♣A ♠2 ♥2
원페어	♠3 ♥3
노페어	♠7 ♦3

세븐오디 게임은 각각의 플레이어가 7장씩의 카드를 받아 위에 표

시된 족보 중 높은 족보를 가진 사람이 이기는 게임이다.

모든 플레이어는 처음에 3장의 카드를 받고 나서 1장씩의 카드를 더 받을 때 마다 베팅을 주고받게 되는데 이길 자신이 없을 때는 언제든지 본인의 의사에 따라 기권할 수 있다.

① 모든 플레이어에게 3장씩의 카드를 나누어 준다

② 각 플레이어는 1장을 선택하여 자신의 앞에 오픈한다

③ 4번째 카드를 오픈하여 1장씩 나누어 준다

④ 첫번째 베팅

⑤ 5번째 카드를 오픈하여 나누어 준다

⑥ 두번째 베팅

⑦ 6번째 카드를 오픈 하여 나누어 준다

⑧ 세번째 베팅

⑨ 7번째 카드를 히든으로 나누어 준다

⑩ 네번째 베팅

⑪ 승자 결정

위 진행 방법을 보면 알 수 있듯이 세븐오디 게임은 총 7장(오픈으로 4장, 히든으로 3장)의 카드를 가지고 4번의 베팅을 주고받으며, 마지막에 승자를 가리는 룰을 사용한다. 그리고 플레이할 수 있는 최대 인원은 6명이며 간혹은 7명까지도 하는 경우도 있다(라스베이거스에서는

한 테이블에 최대 8명까지 앉는다).

①에서 카드를 나누어 줄 경우

딜러의 좌측에 있는 사람부터 시계바늘 방향으로 돌아가며 차례로 본인만이 알 수 있도록 뒤집어서 1장씩 나누어 준다. 게임을 보다 재미있게 하기위해 처음에 서비스카드라 하여 1장씩을 더 주는 룰을 사용하기도 하는데, 이 룰을 라스베이거스에서는 파인애플(Pine Apple)이라고 한다. 장소에 따라 ②이후에 바로 첫 번째 베팅을 시작하는 룰을 사용하기도 하는데 이럴 경우 베팅 횟수가 1번 더 많아진다.

③, ⑤, ⑦, ⑨에서 카드를 나누어 줄 경우

딜러의 좌측에 있는 사람부터 시계바늘 방향으로 돌아가며 차례로 1장씩 모든 플레이어가 알 수 있도록 오픈하여 나누어 준다.

④, ⑥, ⑧, ⑩에서 베팅을 할 경우

순서는 바닥에 깔려 있는 패 중 가장 높은 사람이 먼저 시작하여 시계바늘 방향으로 돌아가며 진행된다. 이길 자신이 없을 때는 언제든 기권할 수 있다. 또한 베팅이나 레이즈를 하는 것도 본인의 의사대로 할 수 있다. 죽거나, 콜, 베팅, 레이즈 등의 선택은 반드시 자신의 순서가 되었을 때 결정해야 한다. 죽거나 콜, 베팅, 레이즈 등은 자신의 순서가 되기 전에 의사 표시를 미리 하면 안 된다.

베팅 도중 돈이 부족할 경우에는 올인을 선언하고 자신이 그때까지 들어간 돈에 대해서만 권리를 가지게 된다. 세븐오디 게임 베팅 룰은 거의 하프베팅의 룰을 사용하며, 간혹은 풀베팅이나 리미트 베팅을 사용하기도 한다.

⑪번에서 승부를 가릴 경우

5장이 똑같을 경우 무승부로 처리한다. 간혹 장소에 따라서 나머지 2장을 비교하여 승자를 가리거나, 5장으로 된 족보의 무늬로 승부를 가리는 곳도 있지만, 정통 룰은 5장의 족보가 같을 경우 무승부가 된다. ⑪번으로 가기 전에 모든 플레이어가 기권하게 되면 마지막 남은 플레이어가 자동 승자가 된다.

3장

초이스의 기본

일반적으로 포커실력은 뒤에서 초이스하는 것 몇 번만 봐도 80% 이상은 감지할 수 있을 만큼, 카드의 초이스는 상당히 중요하며 또 그만큼 판단착오를 일으키기도 쉬운 부분이다.

초이스의 잘못으로 인해 승패가 뒤바뀌는 것은 말할 필요조차 없고, 초이스 방법에 따라 조금이라도 더 판을 크게 만들어서 이길 수 있다면 초이스의 중요성에 대해서는 따로 설명할 필요가 없을 것이다.

그렇다면 과연 올바른 초이스 방법은 어떤 것이며, 왜 그렇게 해야만 하는가에 대해 한 가지씩 예를 들어가며 알아보기로 하자.

그 전에 미리 짚고 넘어가고 싶은 한 가지는, 지금부터 설명하는 초이스의 방법에는 지극히 평범한 것은 제외됐으며, 약간의 고민 내지는 선택이 따라야 하는 것들이다. 그렇기에 경우에 따라서는 이론을 제기할 사람들이 있을지도 모르겠지만 여러 가지 사정상 그 부분에 대해서까지 필자가 이해시키기가 어려운 상황인 것이 유감이라는 점을 밝혀두고 싶다.

우선 초이스는 크게 두 가지로 구분할 수 있다.

① 처음에 서비스 카드를 받아 1장을 버려야 할 경우, 과연 어떤 카드를 버려야 할까?

② 1장을 버린 후, 가지고 있는 3장 중 어떤 카드를 오픈시켜야 할까?

편의상 ①의 경우를 '어떤 카드를 버릴 것인가?'로, ②의 경우를 '어떤 카드를 오픈시킬 것인가?'로 정하고, 부분별로 상세히 설명하기로 하자.

우선 여기서 가장 중요한 점은 '몇 명이 게임을 하고 있느냐?'이다. 3포, 4포, 5포, 6포일 경우에 따라 초이스가 약간씩 차이가 있기 때문이다.

물론 몇 명이 하느냐에 상관없이 항상 일정한 경우도 있지만 대부분의 경우는 차이가 있게 마련이다.

그래서 여기서는 그 구분을 '4포 이하'와 '5~6포'의 두 가지 경우로 나누어 설명하기로 하고, 우선은 4포 이하나 5~6포의 경우에 관계없이 항상 같은 방법으로 초이스하는 것 중에서, 케이스 별로 가장 접하기 쉽고 가장 중요한 것들을 우선 뽑아서 차례대로 한 가지씩 알아보기로 하자.

어떤 카드를 버릴 것인가? (1)

3, 4, 5, 6포에 상관없이 같은 초이스를 하는 경우

〈CASE 1〉

위에 나열된 카드와 같이 각각 다른 모양으로 A원페어와 K, 3이 들어온 경우이다. 이럴 때는 어떤 것을 버려야 할까?

이와 같은 경우에는 무조건 K를 버려야 한다. 한 마디로 K를 가지고 3을 버리는 것은 중복이기 때문이다. 중복, 이 단어를 항시 기억해두기 바란다. 앞으로도 자주 나올 단어이기 때문이다.

이해를 돕기 위해 좀 더 자세히 설명을 한다면, 3을 버리든 K를 버리든 어쨌든 A 두 장은 손안에 가질 것이다. 그러면 오픈하는 카드는 K 아니면 3이 된다는 이야기인데, K를 깔아놓고 K가 한 장 더 와서

A투페어가 되는 것이나, 3을 깔아놓고서 3이 한 장 더 와서 A투페어가 되는 것은 정확하게 똑같은 확률이다.

그리고 A-K투페어나, A-3투페어의 위력(끗발) 차이는 실로 거의 없다. 그러나 자신의 액면에 K원페어가 깔려 있는 것과 3원페어가 깔려 있는 것이 상대에게 주는 차이는 엄청나다.

3원페어를 깔아놓고 있을 때는 상대로부터 크게 견제를 받지 않을 수 있지만, K원페어를 깔아놓은 상태라면 모든 사람들의 경계 대상이 된다(자신이 손에 들고 있는 카드와 중복이 된다).

어차피 자신이 A투페어(A-K이든 A-3이든)를 잡고 있는 이상, 상대도 A투페어를 잡는 경우는 상당히 드물다. 그렇다면 A-K투페어나 A-3투페어는 거의 같은 카드라고 생각해도 된다.

물론 상대가 A-7 정도 되는 투페어를 잡을 확률도 전혀 무시할 수는 없지만, 그것보다는 K원페어보다 3원페어를 깔아놓고 한 명이라도 더 많은 손님을 접수하는 것이 훨씬 효율적이지 않겠는가?

그래서 〈CASE 1〉과 같은 경우에 조금도 주저하지 않고 3을 버리고 K를 가지고 가는 사람이야말로 포커게임의 기본도 모르는 하수들이다.

그럼 〈CASE 1〉에서 파생되는 비슷한 경우를 두 가지만 더 살펴보기로 하자.

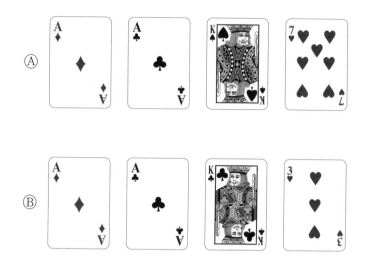

　Ⓐ의 경우는 〈CASE 1〉과 비교하여 3과 7만 바뀌었다. 이것으로
도 약간의 차이가 생긴다.

　이 경우에는 K를 가지고 감으로 해서 'A-K-Q-J-10'의 기대를
조금이나마 가질 수 있지만, 만약 7을 가지고 가게 되면 A와 7은 스
트레이트로서는 도저히 연결이 될 수 없다.

　이와 같은 경우에는 과연 어느 쪽을 선택할 것인가, 그것은 자신
이 결정해야 한다. 물론 7을 가지고 가는 것이 앞의 이론에 부합되
는 정석이지만, 죽어도 K를 가지고 가겠다고 우기면 그렇게도 생각
할 수 있기는 하다.

그러나 어디까지나 정석은 이 경우에도 7을 가지고 가는 것이라고 생각해야 한다. 이것에 대해서는 잠시 뒤 '4포 이하와 5~6포'로 나누어 설명할 때 다시 한 번 자세히 다루기로 하자.

ⓑ의 경우는 〈CASE 1〉과 같은데, K가 같은 모양이라는 점이 다르다.

이와 같은 경우에는 반드시 '몇 명이 하는 게임인가?'를 염두에 두어야 한다. 그리고 이때 역시도 게임을 하는 사람 수가 적으면 적을수록 3을 가지고 가는 것이 올바른 길이며, 5포 이상의 경우라면 K를 가지고 가는 것이 옳다고 할 수 있겠다.

이 경우도 '4포 이하와 5~6포'로 나누어 설명할 때 자세히 다루기로 하고, ⓑ와 같은 카드에서 몇 포에 상관없이 무조건 K를 가지고 가고 싶을 때는 모양이 다른 ◆A를 처음에 오픈시키는 것도 초이스의 요령이다.

〈CASE 2〉

이 경우의 가장 큰 요점은 스트레이트로 추라이를 할 것이냐, 아니면 좀 힘들더라도 ♣7이나 ♥6 둘 중의 하나를 버리고 플러시 추라이를 할 것이냐를 결정하는 부분이다.

이럴 때는 포커의 가장 기본적인 이론 중 하나인 "여러 장 추라이를 시도하지 말라."는 말을 기억해야 한다. 쉽게 얘기하면, 스트레이트 쪽으로 시도할 경우 2장만 필요한 것이 들어오면 바로 메이드가 되지만, 조금 끗발이 세다고 플러시 쪽으로 시도하면 3장이 계속해서 들어와야 한다.

1장을 더 보는 것이 6구, 7구로 갈수록 부담이 훨씬 가중된다는 점을 생각할 때, 이러한 초이스야말로 우매한 초이스의 표본이라고 할 수 있다.

2장만 필요한 것이 들어오면 충분히 승부를 걸 수 있는 카드가 되는데, 구태여 3장이 필요한 쪽으로 힘들게 노력할 필요가 전혀 없다는 뜻이다.

⟨CASE 2⟩와 같은 경우의 카드는 상당히 자주 들어오는 카드이므로 그 의미를 반드시 숙지해두어야 한다.

만약 지금의 ⟨CASE 2⟩와 같은 경우에 조금이라도 고민을 하는 사람이 있다면, 그것은 스스로 하수임을 증명하는 것과 같다.

지금 이후로는 조금도 망설이지 말고 ♦2를 버릴 줄 알아야 하며, 그것이 바로 하수 탈출을 위한 첫걸음이다.

<CASE 3>

　4원페어와 A(Q정도까지는 같은 경우로 본다)는 모양이 다르고, 9는 모양이 같을 경우의 초이스이다. 이와 같은 카드는 매우 자주 들어온다.

　이 경우에도, 100%라고 단언할 수는 없지만, 주저없이 ◆9를 버리고 ♠A를 선택할 수 있을 정도라면 어느 포커판에서든 결코 호락호락한 상대로 취급받지는 않을 것이다. 물론 5~6포의 경우라면, 특히 6포의 경우라면 ◆9를 선택하여 플러시 쪽으로 추라이를 할 수도 있다.

　그렇게 해서 실제로 플러시가 메이드가 되는 경우도 얼마든지 있을 수 있다. 그러나 포커를 하는 한 단 한시라도 잊지 말아야 할 절대적인 마음가짐은 바로 '포커는 페어 싸움'이라는 사실이다.

　세븐오디 게임의 경우, 6구까지의 상황에서 최고의 카드는 A투페어이다. 이렇게 얘기하면 "말도 안 되는 소리, 그것보다 훨씬 더 좋은 카드가 얼마나 많은데…"라고 일축해버리는 사람도 있을 것이고, 실제로 A투페어보다 좋은 카드는 셀 수 없을 정도로 무궁무진하다.

그러나 필자가 여기서 얘기하고자 하는 중요한 점은, A투페어보다 더 좋다고 얘기할 수 있는 카드는 실제로 여러 시간 포커게임을 해도 그렇게 많이 들어오지 않는다는 사실이다.

즉, A투페어라는 카드는 (K투페어, Q투페어 정도까지 포함) 언제든 수시로 들어오는 카드이기 때문에 자주 접할 수 있는 카드 가운데 최고의 카드라는 의미일 뿐, 결코 A투페어가 2트리플보다 또는 5트리플보다 좋은 카드라는 뜻은 아니다.

그렇기 때문에 우리는 이 A투페어(하이 투페어)에 대해 확실한 믿음을 가지고, 그것이 들어왔을 때의 운영방법을 아주 철저하게 터득해야 한다.

A투페어는, 아주 적은 가능성이긴 하지만 만약에 A가 한 장 더 들어와 준다면 천하무적의 카드가 되고, 히든카드를 뜨지 못했더라도 그 상태로서 충분히 승부할 수 있을 정도의 높은 카드이다.

그리고 또 한 가지 큰 장점이라 할 수 있는 것은, 6구에서 상대가 아주 강하게 나올 경우(풀하우스를 완성시키지 못하면 질 것 같은 경우)에는 투페어이기 때문에 미련을 버리고 죽을 수도 있다는 점이다.

더욱 자세한 것은 뒤에서 또 다루게 되겠지만, 세븐오디 게임을 하는 한 '최고의 카드는 A투페어'라는 사실을 항시 마음속에 깊이 새겨두고 게임에 임하기 바란다.

그럼 여기서 〈CASE 3〉과 흡사한 경우의 카드에 대해서도 알아보기로 하자.

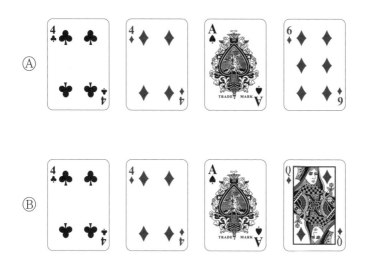

우선 Ⓐ의 경우는 〈CASE 3〉과 ♦9와 ♦6이 바뀐 상황이다. 이것이 무엇을 의미하는지는 금방 알 수 있으리라 생각한다.

이런 경우에는 ♦6을 선택하고 ♠A를 버렸을 때, 플러시와 스트레이트 두 가지 모두에서 조금이나마 가능성을 얻을 수 있다.

그러나 이러한 경우라도 4포 이하의 게임이라면 무조건 ♠A를 취하고 ◆6을 버려야 하며, 5~6포로 갈수록 ◆6이 있는 경우라면 ◆9가 있을 때보다 ♠A를 버릴 수 있는 가능성이 더 높아진다고 할 수 있다.

그리고 Ⓑ의 경우는 〈CASE 3〉과 같은데, ◆9가 아니고 ◆Q 정도 되는 카드가 있을 경우이다. ♠A와 ◆Q라면 2칸의 끗발 차이인데, 이럴 경우에는 과연 어떻게 해야 하나?

이같은 경우에는 5~6포의 게임에서는 ◆Q를 선택하고 ♠A를 버려야 한다. 이 경우에는 Q투페어와 A투페어의 차이도 크지만, 그보다는 Q와 A 정도의 차이라면 플러시 쪽의 희망도 같이 갖고 가는 것이 더 바람직하다고 할 수 있기 때문이다.

하지만 4포 이하의 게임에서는 ◆Q를 버리든, ♠A를 버리든 두가지 초이스 방법이 모두 장단점이 있다.

플레이어의 수가 적을수록 Q와 A의 차이는 여러분의 생각보다 크기 때문이다.

따라서 4포 이하의 게임에서는 각각의 취향과 게임 운영 스타일에 따라 ♠A를 가지고 가는 것도, ◆Q를 가지고 가는 것도 두가지 모두 충분히 가능한 운영이다.

만약 필자라면 4포 이하의 게임에서는 ♠A를 가지고 가는 것이 더 유력하고, 더 장점이 많은 초이스 방법이라고 말하겠다.

다음과 같은 경우도 참으로 자주 들어오는 종류의 카드이다.

〈CASE 4-1〉

〈CASE 4-2〉

우선 〈CASE 4-1〉과 〈CASE 4-2〉의 차이를 보면, 나머지 3장의 카드는 동일하지만 K와 9가 다를 뿐이다. 그렇다면 과연 이런 경우의 올바른 초이스 방법은 무엇인가?

이와 같은 경우에 어느 누구라도 4원페어를 일단 가지고 간다는 것은 100% 확실하다. 그리고 나서 나머지 1장의 선택이 중요한 포인트다.

우선 〈CASE 4-1〉의 경우라면 무조건 3을 버리고 K를 가지고 가야 한다. 3을 가지고 가서 어렵게 스트레이트가 될 확률을 기대하는 것보다는 K투페어를 노리는 것이 훨씬 더 확률적으로 높으며 승산이 많기 때문이다.

하지만 〈CASE 4-2〉의 경우라면 약간 이야기가 달라진다. 이 경우에는 3을 버리고 9를 가지고 가는 것은 9투페어의 확률을 높이면서 스트레이트에 대한 가능성을 포기하는 것인데, 9투페어라는 카드는 그렇게 위협적이고 훌륭한 카드가 아니다.

다시 말해 9를 버리고 3을 가지고 가서 3이 한 장 더 와서 4-3 투페어가 되었을 경우와 비교했을 때, 9투페어나 4투페어나 별반 위력의 차이가 없다는 의미이다.

그렇다면 굳이 스트레이트의 가능성을 없애는 3을 버리고 9를 가지고 가는 것은 큰 이점도 없이 스트레이트의 가능성만을 없애는 결론이 된다. 그렇기 때문에 〈CASE 4-2〉와 같은 경우에는 9를 버리고 3을 가지고 가는 것이 올바른 초이스라고 할 수 있다.

〈CASE 5〉

이와 같은 경우에 중요한 사항은 '스트레이트 확률이 좀 떨어지더라도 플러시 쪽의 기대를 조금이라도 가지고 갈 것이냐?(♠8이나 ♣7의 둘 중 하나를 버린다)', 아니면 '무조건 스트레이트 쪽의 확률만을 보고서 ♦6이나 ♦9의 둘 중 하나를 버릴 것이냐?'를 선택해야 하는 부분이다.

지금은 몇 포냐에 상관없이 무조건 '♦6이나 ♦9' 둘 중 하나를 버리고서 스트레이트 쪽의 확률에 기대를 걸고 승부해야 한다.

카드를 선택할 경우 덤으로 부가되는 비전은, 처음부터 자기가 목표로 하는 카드에 별 영향을 주지 않을 때 즉, "이것을 선택하면 스트레이트 가능성이 조금 높아지니까⋯." "이것을 선택하면 플러시 가능성이 조금이라도 더 생기니까⋯."라는 식일 때 선택의 기준이 될 뿐이다. 그렇기에 자신이 가장 첫 번째로 원하는 카드에 영향을 준다면 부수적으로 파생되는 조그마한 가능성은 무시해야 한다.

〈CASE 5〉 같은 경우에 ♠8이나 ♣7을 버리고서 스트레이트와 플러시 양쪽으로 발을 걸치겠다는 것은 참으로 위험한 생각이다. 한쪽도 확실치 않은 상태에서 양다리를 걸치고 이쪽저쪽으로 기대한다는 것은 절대로 바람직하지 않은 게임 운영방법이기 때문이다.

뒤에서 자세히 다루게 되겠지만, 초보자일수록 포플러시가 처음에 들어오면 무조건 메이드가 된다고 신앙에 가까울 정도로 믿으면서도, 처음에 양방 스트레이트가 들어오면 "설마 뜨겠냐?"라며 그 가능성을 부여하는 데 상당히 인색한 것이 공통적인 특징이다.

그러나 좀 더 생각해보면, 양방 스트레이트와 포플러시에서 메이드를 만들 확률은 거의 비슷하다는 것이 수치로써 증명이 된다는 것을 알 수 있다. 이제 아주 쉽고 간단하게 설명해보자.

① 포플러시를 잡았을 경우

예를 들어 현재 ♠로서 포플러시를 잡았다고 가정할 경우, 이미 자신이 포플러시가 되면서 ♠ 무늬 4장을 본인 스스로가 빼고 있는 상태이다. 그런데 카드는 ♠ 무늬가 A 부터 K까지 13장이다. 그렇다면 계산은 간단하다. 자신이 뜰 수 있는 카드는 9장 중 1장이다(13-4=9).

② 양방스트레이트를 잡았을 경우

예를 들어 5-6-7-8로서 양방 스트레이트라고 가정하자. 그렇다면 4 또는 9가 들어오면 메이드가 된다. 4와 9는 각각 4장씩, 그러므로 자신이 뜰 수 있는 카드는 8장 중 1장이다.

①의 경우가 9장, ②의 경우가 8장이다. 물론 이 1장의 차이가 전혀 없다는 것은 결코 아니다. 하지만 그 1장의 차이가 하수들이 무의식적으로 생각하듯이 "포플러시에서는 무조건 뜰 수 있으며, 양방 스트레이트에서는 뜰지 못 뜰지 잘 모르겠다."고 할 정도는 절대로 아니라는 의미이다.

CASE 6

한 마디로 별 볼 일 없는 패다. 하지만 아주 자주 들어오는 케이스이기 때문에 반드시 알아두어야 할 부분이며, 이러한 별로 중요하지 않은 것 같은 카드의 초이스가 실제로 상당히 중요하며, 그리고 이카드의 초이스가 주는 교훈을 절대로 두고두고 잊지 말아야 한다.

대충 보면 모양이 전부 다르고 A, K, 9, 7이 각각 1장씩이다. "아니 이런 데서 무슨 초이스가 필요해? 9나 7 중에 기분 내키는 대로 1장 버리면 되는 거지."라며 대부분의 사람들이 별 의미를 두지 않으리라. 그러나 무심코 흘려버리는 초이스 1번, 무심코 버리는 카드 1장이 주는 영향이 우리가 생각지 못했던 부분에서 상당히 크게 작용하는 경우가 종종 생긴다.

어차피 포커게임이 확률싸움이라고 가정한다면, 포커게임에 임하는 이상 우리는 가능한 대로 바늘끝 같은 확률이라도 버리지 말고 모아야 한다. 그렇다면 여기서 알아두어야 할 것은 과연 무엇인가?

모양이 각각 다른 A, K, 9, 7이 1장씩 들어왔다. 이런 경우에는 몇 포냐에 상관없이 무조건 9를 버려야 한다. 그렇다면 왜 그런지 그 이유를 알아보자.

기본적으로 7을 버리건 9를 버리건, 오픈시키는 카드는 거의 모든 사람들이 A나 K가 아닌 버리지 않은 7이나 9 중 하나가 될 것이다. 즉, 7을 버리고 9를 오픈시켰을 경우(Ⓐ)와 9를 버리고 7을 오픈시켰을 경우(Ⓑ)이다. 그렇다면 과연 Ⓐ와 Ⓑ의 차이는 무엇인가?

우선 Ⓐ와 Ⓑ에 상관없이 손에 있는 카드를 생각해보자. 손에는 A와 K가 들어 있다. 그러면 과연 이런 카드를 가지고서 어떤 희망을 가지고 게임을 해야 하나?

물론 처음에 1~2장 받아보다가 웬만하면 기권해버리면 문제는 간단하다. 그런데 기권하지 못하는 경우도 있다.

그렇다면 기권하지 못할 카드가 되는 경우는 어떤 경우일까? 각각 모양이 다른 3장으로 출발했기에 플러시 쪽의 가능성은 거의 없다고 보고 제외시킨다면, 결국 기권하지 못할 카드는 페어 쪽으로 카드가 붙는 경우(①)와 10, J, Q 등의 숫자가 와서 스트레이트가 6구에 되는 경우(②), 두 가지 정도이다.

여기서 쉽게 정답이 나온다.

①의 경우에는 7이든 9든 어떤 것이 좋을지 전혀 예측할 수 없다. 하지만 ②의 경우가 된다면, 처음에 아무런 생각 없이 무심코 1장 오픈시킨 카드가 9냐 7이냐의 차이는 여러분의 상상 이상으로 엄청나게 크다.

좀 더 자세히 설명하면, 우선 ②의 경우가 되었을 때의 카드를 한번 살펴보기로 하자.

손에 들고 있는 카드가 A, K이다. 그런데 6구에서 스트레이트가 완성되었다. 그렇다면 액면에 떨어져 있는 카드는 10, J, Q가 된다. 그러면 이때 처음에 9를 버리고서 7을 오픈시켰을 경우와 7을 버리고서 9를 오픈시켰을 경우의 차이를 그림으로 알아보기로 하자.

손에 들고 있는 카드

처음에 오픈시킨 카드   4구   5구   6구

단 한 마디로 요약해서 Ⓐ의 경우 ♠9라는 카드는 실제로 전혀 도움이 안 되면서 액면을 9-10-J-Q를 만들게 되어 상대방에게 자신의 카드를 노출시키는 데 일등공신이 된 것이나 다름없다.

최대한 자신의 패를 상대가 눈치 채지 못하게 함으로써 같은 카드를 가지고도 남들보다 더 많은 효과를 올리는 것이 포커게임의 기술이고 실력이라고 할 때, Ⓐ에서의 ♠9는 차라리 없는 것이 훨씬 더 좋다.

이것은 마치 5구째 플러시가 메이드되었는데, 6구에서 쓸데없이 같은 모양이 또 떨어지는 것과 똑같은 현상이라고 할 수 있다. 그러나 5구 플러시 메이드에서 6구에 또 그 모양이 떨어지는 것이야 아무도 모르고 인력으로 어찌 할 수 없지만, Ⓐ의 경우의 ♠9는 자신의 능력으로써 충분히 방비할 수 있다.

이와 같이 아무 생각 없이 무심코 버리고 선택하는 카드 1장이 자신의 장사(?)에 엄청난 득과 실을 초래한다. 혹자는 "그런 경우가 얼마나 나온다고 그래? 하루에 한 번도 나오기 힘든 상황인데…, 골치 아프게 그런 데까지 신경 쓸 필요 없다."고 할지도 모르지만, 그것은 참으로 잘못된 생각이다. 하수들이 모르는 사이에 그런 식의 초이스는 엄청나게 자주 발생하며, 그 때마다 이러한 이론을 모르고 지나치는 하수들은 항상 "이상하게 내가 먹을 때는 장사가 안 돼." "참, 재수하고는 남이네…."라며 투덜거린다.

그러면 이제 〈CASE 6〉의 경우에 해당되는 카드의 초이스가 얼마나 여러 종류가 있는지 알아보기로 하자(지면 관계상, 이 경우에는 모양은 큰 의미가 없으므로 숫자만 가지고 설명하기로 한다).

실제로 카드를 가지고, 6구째에 스트레이트가 메이드되었을 경우를 가정하고 직접 확인해본다면 더욱더 쉽게 이해가 될 것이다.

- A, K, 8(9), 7

- A, 2, 6(7), 9

- 3, 4, 9(8), J

- Q, J, 6(7), 4

- 2, 3, 7(8), 9

- K, Q, 7(8), 5

이 외에도 나열할 수 없을 정도로 많으므로 이걸 모두 머릿속에 넣을 필요는 없다. 단지 위의 이론에 의거해서 "이럴 때는 이런 식의 초이스가 필요해."라고 알고 느낄 수 있으면 된다. 물론 이러한 경우가 아주 자주 나오는 것은 아니지만, 하루에 단 한 번이 나오더라도 분명히 큰 도움을 줄 수 있다는 것에 대해서는 아무도 이의를 제기하지 않을 것이다.

정말로 무서운 고수는 남들이 볼 때 큰 판을 별로 먹는 것 같지도 않고, 그렇다고 별로 많이 자주 먹는 것 같지도 않은데, 결과는 항상 이긴다.

이것이 의미하고 시사하는 바는 굉장히 중요하다. 포커게임에서는 자기가 지는 판에서 쓸데없이 돈을 더 보태주지 않고 피해를 최소화할 수 있고, 자기가 이기는 판에서는 남들보다 조금이라도 더 판을 키워서 좀 더 크게 먹을 수 있고, 그러한 판이 계속 되풀이될 때 큰 승리를 얻을 수 있게 되는 것이다.

지금의 이론과는 달리 판을 무자비하게 뒤흔들며 엄청난 강베팅을 해가며 이기는 사람도 간혹은 있을지 모르지만, 그런 사람일수록 질 때는 피해가 큰 법이다.

앞에서도 언급했지만 포커게임은 "많이 죽는 사람일수록 승률은 올라간다."는 사실을 절대로 명심해야 한다. 하지만 그렇다고 해서 상대가 베팅이나 레이즈만 하면 무조건 죽을 수도 없다. 그렇기에 포커게임에서 오랫동안 만수무강하기 위해서는 어느 경우에, 어떤 카드로써 승부하는 것이 가장 승률을 높이는 것인가를 이 책을 보며 한 가지씩 터득해 나가야 한다.

그럼 몇 명의 게임이냐에 상관없이 같은 초이스를 하는 경우는 이걸로 끝마치고, '4포 이하일 경우'와 '5~6포의 경우'에 따라 초이스가 달라지는 부분은 잠시 머리를 식힌 후 다시 알아보도록 하자.

라스베이거스의 변신

1997년 6월, 미국 각 주의 주지사들과 빌 클린턴 대통령이 참석하는 회의가 라스베이거스에서 개최되었다. 그 때 한 기자가 대통령에게 긴급 질문을 했다. 미국 상원에서 카지노의 부작용에 대한 청문회가 열리고 있는데, 많은 사람들이 갬블에 빠져 사회적으로 문제가 심각하다며 대통령의 견해를 말해 달라는 내용이었다.

클린턴 대통령은 "갬블에 빠진 사람들은 카지노가 아니라도 어떤 형태든 갬블에 빠졌을 것이다. 그들이 카지노에서 실패한 것은 스스로가 자신을 다스리지 못했기 때문이지 카지노의 탓으로 돌릴 수는 없다. 더욱이 라스베이거스 카지노와 호텔들이 미국 경제에 미치는 영향은 무시할 수 없을 만큼 크다. 따라서 그 문제에 대해서는 재고의 여지가 없다."라며 자신의 뜻을 밝혔다.

이처럼 대통령까지 인정하는 합법적인 갬블의 도시 라스베이거스는 과연 언제부터 갬블의 메카로 자리 잡기 시작한 것일까?

라스베이거스가 도시로서 출발한 것이 1905년이며 이때에 처음으로 철도와 역, 그리고 허름한 호텔이 생기기 시작했다. 1931년에 갬블이 합법화되고 33년에는 금주법이 없어진다. 초기의 라스베이거스는 법적으로만 갬블이 합법화됐을 뿐, 전혀 위용을 갖추지 못했다. 그러다가 1946년 우리에게 잘 알려진 전설적인 마피아 보스 '벅시 시걸Bugsy Siegel'이 당시로서는 상상하기 어려운 600만 달러라는 거금을 들여 플라밍고 호텔을 세웠다. 플라밍고 호텔은 오픈 행사 때부터 유명인사에게 전용기를 보내 초청하는 등 엄청난 투자를 했으나 초기 경영에 실패하며 어려운 길로 들어서게 된다.

현재 세계 최고의 호텔 중 하나로 인정받는 벨라지오를 비롯, 윈, 앵코르, 베네시안, 미라지, 팔라조, 아리아, 트레져 아일랜드, 엠지엠 등 수많은 매머드 호텔이 위용을 뽐내고 있지만 약 60년 전에는 라스베이거스의 설계사라는 닉네임을 가진 벅시 시걸에 의해 세워진 플라밍고 호텔이 사막 위의 불야성 라스베이거스 시대를 연 최초의 마천루 호텔이다.

초기 불황을 딛고 서서히 자리를 잡아가던 라스베이거스에 큰 위기가 닥친 해가 1978년이다. 바로 미국 동부 애틀랜틱시티에 카지노 타운이 들어서면서 경쟁관계가 시작됐다. 이 때문에 1980년대 중반에는 시 전체가 파산 선고를 해야 할 정도로 위기에 몰리기도 했다. 이때 '갬블과 환락'이라는 당시까지의 이미지를 탈피하고 가족 레저, 비즈니스 이벤트 타운으로의 대개혁에 착수한다.

이러한 시도는 멋지게 적중했고 70여 개의 초대형 호텔과 카지노가 들어선 상주인구 120만명의 '세계 최대의 레저, 이벤트 타운'으로

이미지 변신에 성공한다. 갬블러만이 은밀하게 찾는 음지의 도시
가 아니라 수많은 전시회, 쇼비지니스, 스포츠 경기 등을 관람하려
는 비즈니스맨과 관광객들이 북적대는 양지의 도시로 자리 잡게 된
것이다.

　미국 갬블링 협회 보고에 의하면 갬블을 하기 위해 라스베이거스
를 방문하는 사람은 전체 방문객의 4%에 지나지 않고, 여러가지 즐
거움을 만끽하기 위해 방문하는 순수 관광, 또는 비지니스맨의 방문
이 79%를 넘었다. 또한 전세계 관광객들에게 '한 번 가본 도시 중,
다시 한 번 더 가보고 싶은 도시'를 묻는 설문조사에서 1위를 차지한
곳이 바로 라스베이거스다. 도시 중 최근의 라스베이거스는 갬블과
환락의 도시가 아닌 세계 최고 수준의 레저와 이벤트가 함께 있는 밝
고 화려한 도시가 된 것이다.

4포 이하와 5~6포인 경우의 카드 초이스 방법

예로부터 '전쟁과 사랑에는 2등이 없다'고 하지만, 포커게임에서 야말로 절대로 2등을 해서는 안된다.

2등보다는 꼴등이 훨씬 더 좋다는 것은 포커게임을 즐기는 사람이면 백 명이면 백 명 모두가 너무도 잘 알고 있을 것이다. 그래서 2등을 하는 횟수를 최소한으로 줄이기 위해 지금부터는 초이스의 방법을 '4포 이하'와 '5~6포'로 나누어서 설명하고자 한다.

4포 이하라면 충분히 승부할 수 있고, 승부해야 하는 카드일지라도, 5~6포의 경우라면 위험이 많이 따라 한 번 더 신중하게 고려해야 하는 경우가 많다.

그럴 바에는 아예 처음부터 가능하다면 확실한 한 가지 노선을 정하여 초이스에서부터 임하는 것도 상당히 중요한 의미가 있다.

보통의 하수들이 조금이라도 고민하는 카드라면, 그건 분명히 '4포 이하'와 '5~6포'의 경우에 따라 초이스가 달라지는 경우라고 보아도 무방하다.

초이스 한 번의 영향이 그 날 하루 종일의 판세에까지 미칠 정도

로, 포커꾼들이 얘기하는 '석이 죽었다', '석이 살았다'하는 결과를
가져오기도 한다.

　그렇다고 해서 누구든 자신에게 다음에 떨어질 카드가 무엇인지
는 알 수가 없기에 항상 정확한 길을 갈 수는 없고, 오히려 잘못 초이
스를 한 경우가 전화위복이 되는 경우도 종종 있기도 하다.
　하지만 그런 요행수를 바라기보다는 조금이라도 더 가능성이 높
은 쪽을 선택해야 하는 것은 너무도 당연하다. 그러면 조금이라도
더 가능성이 높은 초이스는 과연 어떻게 해야 하는 것인가? 이제부
터 한 가지 한 가지씩 그 비밀을 캐 나가기로 하자.

〈CASE 1〉

4포 이하의 경우
　앞에서도 잠시 다루었던 것이지만, 이와 유사한 카드는 참으로
자주 들어온다.

이와 같은 경우에 K가 같은 무늬이므로 플러시 쪽의 가능성을 생각하여 3을 버리고 K를 가지고 가는 것은 금물이다. 4포 이하의 게임에서는 '하이 투페어로서 필승이다'라는 신념을 항상 가지고서 게임에 임해야 한다.

하지만 경우에 따라 정히 3을 버리고 K를 가지고 싶을 때는 3을 버린 후 ◆A를 오픈시키는 것도 하나의 방법일 수 있다. 하지만 어디까지나 4포 이하의 경우에는 일단은 K를 버리는 것이 중복을 피하고 보다 더 효율적인 초이스가 된다는 것을 기본적으로 알고 있어야 한다.

5~6포의 경우

이때는 정상적으로 3을 버리고 K를 가지고 가는 것이 올바른 초이스이다. 사람 수가 많으면 많아질수록 이쪽으로 초이스 방법을 옮겨야 한다.

이 경우 앞에서도 얘기했던 바와 같이 ◆A를 오픈시키는 것도 상당히 의미있는, 꽤 음미해볼 만한 가치가 있으며 또 그러한 초이스가 바람직하다고 할 수 있다.

◆A를 오픈시키는 것과 ♣K를 오픈시키는 것의 차이는 우리가 그냥 지나칠 수 없을 정도로 크다. 그것은 예를 들어, A페어를 손안에 가지고서 K를 오픈시켰을 경우에는 4구, 5구, 또는 6구에서 자신이 원하는 카드는 A 또는 K가 된다. 그런데 A가 온다면 더 이상 바

랄 것이 없을 정도의 최상의 결과이지만, K가 오는 것을 가정한다면 그것은 중복이다. 자신의 액면에 K페어를 깔아놓은 상태에서 A투페어가 된다. 실제로 A투페어나 K투페어는 서로가 나누어 가지고 있을 때에는 천당과 지옥의 차이가 나지만, 나의 카드가 상대에게 K투페어로 읽혀지는 상황에서의 A투페어라는 것은 실로 큰 의미가 없다. 결국 상대가 나의 패를 읽은 그대로 손에 들고 있는 것이란 의미이다.

게임에서 좋은 승률을 가지기 위해 가장 중요한 요소 중의 하나가 '자신의 패를 상대가 읽지 못하도록 해야 한다'라는 사실을 상기할 때, 자신의 전 재산을 알려주고 하는 식이 되어버리는 운영은 절대로 피해야 한다.

그러므로 A페어를 손안에 가지고서 K를 오픈시키는 것은 오직 A한 장만이 자신에게 큰 효과를 가져다주며, K가 와서 페어가 액면에 깔리게 되면(물론 K가 안 오는 것보다야 훨씬 더 좋지만) 소기의 목적을 달성하기가 어려워지기 때문에 그 판을 이기게 되더라도 장사가 안 되는 현상으로 이어지기 쉽다.

하지만 ◆A를 오픈시켰을 경우 상황이 많이 달라진다. 손에 ♣A와 ♣K를 가지고서 ◆A를 오픈시켰을 때는, 앞의 상황과 똑같이 필요한 것은 K 또는 A이다. 그러나 이 때에는 4구, 5구, 또는 6구에서 A가 오든지 K가 오든지, 나의 카드가 상대방에게 손에 가지고 있는

그대로 읽혀지지 않는다. 거기에 덤으로 ♣플러시 쪽의 가능성도 감출 수 있다.

만약에 4~6구 사이에 A가 떨어져서 나의 액면에 A페어가 깔리게 될 경우, 상대 중에 나의 카드를 A트리플로 읽을 사람은 아마도 단 한 명도 없을 것이다. 모두가 A투페어로 생각한다는 뜻이다. 이렇게 상대가 나의 카드를 A투페어로 생각할 때 실제로는 A트리플을 가지고 있다는 것은 엄청난 차이다. 다시 말해 자신의 손에 감추어진 카드가 전혀 읽히지 않았다는 의미가 된다.

그리고 4~6구에서 K가 왔을 경우에는, 앞서 말한 K를 처음에 오픈시켰을 경우와 비교하면 더욱 엄청난 차이가 난다. ♦A를 오픈시켰을 경우 K가 와서 투페어가 된다면 자신의 액면에 아무런 페어가 깔려 있지 않은 상태에서 A-K투페어가 되는 것이다.

자신의 액면에 K페어를 깔아놓은 상태에서의 A투페어와, 전혀 페어를 깔아놓지 않은 상태에서의 A투페어의 차이란 더는 설명할 필요가 없을 만큼 크며, 그러한 차이에서 여러분이 이기는 판을 조금이라도 더 크게 만들어서 이길 수 있게 된다.

그렇다면 K를 오픈시키는 것은 무조건 나쁘다는 것인가?

아니, 꼭 그렇다고 단정해서 말할 수는 없다. 그 경우에는 K가 오면 중복이 되어 큰 효과를 못 보게 되지만, 만약에 A가 온다는 것만을 생각한다면 포커게임을 하는 사람이라면 누구든 꿈속에서도 그리는 '그림 같은 A트리플'이 아무런 흔적도 없이 만들어지는 것이다.

나중에 다시 상세히 다루게 되겠지만, 여러가지 면을 생각할 때 역시 ◆A를 오픈시켜 놓은 상태에서 A 또는 K, 2장 가운데 아무거나 1장만 들어와도 장사를 할 수 있는 초이스가 훨씬 더 바람직하고 정상적인 초이스 방법임을 명심해야 한다.

〈CASE 2〉

4포 이하의 경우

두 눈을 질끈 감고서 ♣A나 ♣8, 둘 중 하나를 버려야 하며, 특히 앞에서 언급했듯이 중복이라는 의미를 염두에 둘 때 ♣A를 버리는 것이 더 올바른 초이스 방법이라 할 수 있다.

4포 이하의 게임에서는(이와 같은 경우는 참으로 많이 나오지만, 사람이 적을수록 항상 페어를 선택해야 한다는 것은 절대적으로 가지고 있어야 할 마음가짐이다) 어떠한 경우라도 K페어나 A페어는 가지고 가야 한다.

5포, 6포의 경우에서 다시 한 번 설명하겠지만, 4포 이하의 게임에서는 하이 투페어로서 승산이 충분하다고 생각할 때, 1장만 필요한 것이 들어오면 이길 수 있는 초이스로 가는 것과 필요한 것이 2장이 들어와야 하는 초이스로 가는 것의 차이, 즉 '1장과 2장의 차이'는 승패에 가장 큰 영향을 주는 것이라 생각해야 한다. 그렇게 생각할 때, 4포 이하에서 (물론 플러시 쪽으로 선택하여 성공한다면 더욱 안전하고 확실하지만) '닭 잡는 데 소 잡는 칼을 사용할 필요가 없다'는 것이라 생각하면 간단히 이해가 되리라 생각한다.

5~6포의 경우 (5포의 경우는 어느 쪽을 초이스하든 장단점이 비슷하다)

이 경우, 특히 6포의 경우라면 ◆K를 버리고서 플러시 쪽의 기대를 가지고 게임을 하는 것이 정답에 가깝다고 할 수 있다.

가장 큰 이유는, 우선 6포의 경우에는 하이 투페어로써 승산이 많이 떨어지기 때문이다. 이길 수도 있고 질 수도 있지만 4포 이하의 경우와 비교하면 그 승률은 상당히 떨어지고, 그리고 이기지 못할 경우에는 거의 대부분 2등이 되기가 쉽다.

그렇다면 방법은 하이 투페어로 뱃심 좋게 밀어붙여서 승부를 하는 것과, 아예 페어를 포기하고 훨씬 안전한 플러시 쪽으로 노리다가 한두 장 같은 무늬의 카드가 들어오지 않는다면 거의 피해 없이 그 판을 포기하는 것, 둘 중의 한 가지를 선택해야 한다.

그런데 이 경우에는(특히 6포의 경우) 하이 투페어로 승부하는 것은 위험이 많다.

우선 사람이 많다 보면 '블러핑(공갈)'을 잘하는 사람, 확인을 잘하는 사람, 베팅이 엄청나게 거센 사람 등등 여러 종류의 사람들이 있을 텐데, 하이 투페어로 그 판을 끝까지 이겨내려면(실제로 하이 투페어가 제일 높은 끗발일 경우) 나름대로의 정확한 판단력이 필요하며 위험의 고비를 넘겨야만 한다. 게다가 실제로 하이 투페어로 2등을 하는 경우도 상당히 많다. 그렇기에 6포의 경우(5포의 경우라도) 탄탄한 게임 운영을 하고 싶을 때는 ◆K를 버리는 것이 유력한 방법이 될 수도 있다.

〈CASE 3〉

4포 이하의 경우

이와 같은 카드가 처음에 들어왔을 때는, 4포의 경우에는 투페어의 위력이 너무 약하기 때문에(물론 나중에 높은 원페어가 들어와서 하이 투페어가 될 수도 있긴 하지만) 처음부터 플러시 쪽으로 가는 것이 조금 더 바람직하다고 말하겠다.

하지만 플러시를 포기하고 페어를 가지고 가는 운영도 완전히 잘못된 방법이라고는 하지 않겠다. 따라서 지금과 같은 초이스는 본인의 취향과 그때그때의 여러가지 상황에 따라 결정된다고 보아도 무방하다.

5~6포의 경우

5~6포의 경우라면 더욱 말할 필요조차 없이 ♣7을 버리고서 플러시 쪽의 기대를 가지고 초이스를 해야 한다.

〈CASE 4〉

4포 이하의 경우

5원페어가 있는 상태에서 1장은 다른 무늬의 A, 또 1장은 같은 무늬의 10이다.

이 경우에도 항상 거듭되는 얘기대로 ◆10을 버리고서, 모양이 다르더라도 ♠A를 가지고 가야 한다. 그리고 나서 '승부는 A투페어로서 충분하다'라는 자신감과 신념을 가져야 한다.

5~6포의 경우

항상 '5~6포의 경우'라는 것은 6포의 경우에 더욱더 그렇게 초이스를 해야 한다고 생각하면 정확하다는 것을 미리 얘기해두고 싶다.

이때는 역시 ♠A를 버릴 수 있으며, 그렇게 하는 것이 더 바람직하다고 할 수 있다. 그러나 5포의 경우라면 ◆10을 버리고 ♠A를 가지고 가는 것도 충분히 이해될 수 있는 초이스 방법이라 할 수 있겠다.

그러나 좀더 공격적인 운영을 하고 싶다면 ♠A를 가지고 가는 것도 유력한 방법이 될 수 있다. 이것은 A가 1장 더 들어오기를 기대하고, A투페어로 승부를 하겠다는 운영인데 상황에 따라 충분히 가치가 있고, 음미해볼 만한 방법이다.

그러면 〈CASE 4〉와 비슷한 경우를 3가지 정도만 더 알아보기로 하자.

아래의 Ⓐ, Ⓑ, Ⓒ 경우와 같이 이런 종류의 카드는 이루 나열할 수 없을 정도로 많다. 〈CASE 4〉와 Ⓐ, Ⓑ, Ⓒ의 경우는 모두 웬만한 원페어와 한 장은 무늬가 다른 하이 카드이고(여기서 '하이 카드'라고 하는 것은 투페어가 되었을 때 힘을 쓸 수 있는 카드를 뜻한다), 나머지 한 장은

무늬는 같은데 숫자가 투페어가 되었을 때 별로 위력이 없는 카드
이다.

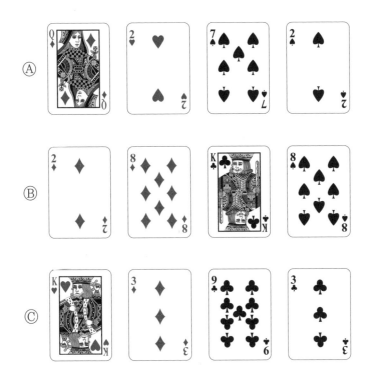

이러한 카드는 실제로 서너 판에 한 번 들어올 정도로 자주 접하
게 된다.

그렇기에 뒤에서 다시 다루게 되겠지만, 지금과 같은 카드가 들
어왔을때 효과적으로 운영을 하여 지는 판에서 피해를 조금이라도

줄이고, 이기는 판에서 조금이라도 소득을 늘릴 수 있는 운영 기술을 터득해야 한다.

지금 〈CASE 4〉와 같은 경우는 아주 중요한 초이스인 만큼 그 의미를 정확히 이해해두어야 하며, 올바른 초이스 방법을 몸에 익혀두면 반드시 눈에 보일 정도로 효과가 금방 나타나리라 확신한다. Ⓐ, Ⓑ, Ⓒ와 같은 경우 어떤 카드를 버려야 할지는 스스로 알 수 있으리라 생각한다.

〈CASE 5〉

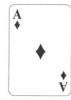

4포 이하의 경우

이 경우에 A페어를 가지고 간다는 것을 모르는 사람은 없다. 그런데 Q도 모양이 같고, 3도 모양이 같은 상황이다.

이럴 때에는 4포 이하에서는 역시 어느 쪽으로 가든 플러시가 될 가능성은 마찬가지이고, 만약에 플러시가 되었다고 가정한다면 Q를 가지고 가는 것이 더 바람직하다고 생각할지도 모르지만 그것은 잘못된 생각이다.

왜냐하면, 이와 같은 카드는 처음에 A페어를 가지고 가는 순간부터 A투페어로 승부하려는 작전이며, 플러시는 부수적으로 조그만 가능성을 기대하는 것이기 때문이다.

이와 같은 카드를 가지고서 A페어 쪽의 승부보다 플러시 쪽의 가능성에 더 많은 기대를 가지고 있는 사람은 아마도 없을 것이다. 그렇다면 결과는 앞에서도 언급했던 대로 중복을 피하여 Q를 버리고 3을 가지고 가야 한다.

물론 지금과 같은 경우에 ◆3을 버리고, ◆A를 처음에 오픈하겠다고 주장한다면, 그것도 나름 의미가 있는 초이스 방법이다(이 부분에 대한 자세한 설명은 앞의 〈CASE 1〉의 경우를 참고하기 바란다).

앞에서도 잠깐 언급한 적이 있지만 중복이라는 단어를 여러분들은 빈드시 기억해두어야 하며, 그 의미가 무엇을 뜻하는지 정확히 알고 있어야 한다. 앞으로도 계속해서 나오게 될 이 중복이라는 단어는 포커게임을 하는 한 반드시 완벽하게 소화해서 그 의미를 정확하게 파악해 두어야 할 몹시, 대단히, 아주, 무척, 매우 중요한 단어이다.

5~6포의 경우

이 경우라면, 필자의 견해로는 3을 가지고 갈 수도 있으며 또는 Q를 가지고 가도 나름대로의 득과 실이 크게 차이나지 않는다고 느껴진다. Q를 가지고 간다는 것은, 페어 쪽으로 카드가 Q로 붙었을 경우 중복이 되지만, 사람이 많다는 점을 감안할 때 플러시 쪽으로 조금 더 비중을 두는 초이스라고 봤을 때 그 나름대로의 설득력이 있다고 생각된다. 그리고 3을 가지고 가는 것은, 어차피 플러시가 된다면 Q가 없더라도 A플러시는 되는 것이니까 그럴 바에는 "A투페어로 페어승부에서 좀 더 짭짤한 장사를 노리겠다."는 쪽으로 생각을 하는 것이리라. 5~6포의 경우라면 두 가지 모두 일장일단이 있다는 데는 따로 이견이 없지만, 그래도 필자라면 3을 가지고 Q를 버리는 쪽을 선택하고 싶다.

그러면 〈CASE 5〉와 비슷한 경우의 카드를 예를 들어보기로 하자.

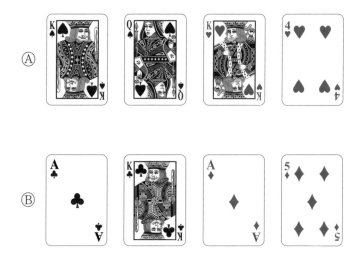

Ⓐ 또는 Ⓑ의 보기는 〈CASE 5〉와 약간의 차이는 있으나 거의 같은 카드라고 할 수 있는 것들이다.

이 경우 항상 염두에 두어야 할 것은, 특히 Ⓐ의 경우는 4포 이하 또는 5포에서도 만약에 ♥4를 가지고 ♠Q를 버린다면, 그것은 중복을 피하기 위해 만약 플러시가 되었을 경우 많은 도움을 주는 Q를 버린 것이 되며, 적은 가능성이긴 하지만 K-Q로 이어지는 스트레이트에 대한 기대마저도 버리는 의미가 된다.

그렇다면 과연 중복을 피하는 것이 그렇게도 중요한가?

그렇다! 이길 수 있는 투페어(Q, K, A 정도)라면 중복을 피하는 것은 다른 쪽의 피해를 충분히 감수할 만큼의 가치는 분명히 있다. 이 부분에 대해서는 여러분들이 차차 포커게임에 익숙해질수록 이해할 수 있으리라 생각한다.

그러면 이해를 돕기 위해 〈CASE 5〉와 비슷한 경우, 그러나 초이스는 달리 해야 하는 경우를 알아보기로 하자.

Ⓒ

이와 같은 경우의 카드라면, 몇 포냐에 상관없이 무조건 5를 버리고 10을 가지고 가야 한다.

그것은 우선 J페어를 들고 10을 오픈시켰을 때 10이 1장 더 떨어진다고 하여 상대방이 10원페어에 대해 그다지 크게 신경을 쓰지 않을 만한 상황이며, 그리고 중복이라 하여 10을 버리고 5를 가지고 갈 경우, 5가 한 장 더 와서 액면에 5원페어를 깔아놓고 손안에 J페어를 들고 있으면 분명히 중복은 아니고 J투페어가 되어 있는 상태인 것은 분명하다.

하지만 가장 중요한 사실은 J투페어는 승산을 장담할 수 있는 카드가 아니라는 점이다. 그렇다면 어차피 승산도 장담할 수 없는 카드를 가지고서 중복을 피해가며 다른 쪽의 가능성을 버릴 필요가 없지 않겠는가?

자신의 액면에 10원페어가 떨어지든 5원페어가 떨어지든 어차피 상대에게 큰 차이를 주지 않고, 또 자신도 역시 J투페어로서 승산을 장담하기 어려운 상황이라면, 당연히 10을 가지고 가서 스트레이트 쪽의 가능성도 버리지 말아야 한다는 뜻이다.

그렇다면 도대체 그렇게도 중요하다는 중복이라는 것은 어디까지라고 생각해야 하는가?

아주 간단히 생각하면, 중복은 A, K, Q 정도만 해당된다고 우선은 생각해도 무방하다.

그러나 다른 쪽의 가능성에 전혀 영향이 없다면, 하이 페어를 들고 있을수록 나머지 2장 중 1장은 낮은 것을 선택하는 것이 바람직하다고 할 수 있겠다. 좀 더 자세한 내용은 2권의 『운영편』에서 다시 설명하기로 하자.

〈CASE 5〉와 Ⓐ, Ⓑ는 같은 경우지만, Ⓒ는 완전히 다른 경우의 초이스이다. 〈CASE 5〉와 Ⓒ의 차이를 확실히 이해할 수 있다면 중복에 대한 의미도 정확히 알 수 있으리라 생각한다.

〈CASE 6〉

4포 이하의 경우

이와 같은 경우에 ◆6 또는 ◆8 둘 중 하나를 버린다는 것은 플러시가 맞았을 경우 높은 탑을 가지고 가겠다는 의미도 크다. 하지만 4포 이하의 경우라면 그것 못지않게 K가 1장 더 들어오기(또는 K투페어가 되는 것)를 기대하는 것도 상당히 음미해볼 만한 초이스라고 할 수 있다.

그래서 이와 같은 경우라면 '어느 쪽이 100% 옳다, 그르다'라고 단정 지어 결론 내리기는 쉽지 않은 카드라고 할 수 있다.

♣K를 버리고서 플러시와 스트레이트 양쪽의 가능성을 최대한 높여서 선택하는 것이 옳은지, 아니면 ◆6이나 ◆8 두가지 중 하나를 버리고 높은 쪽의 플러시와 아울러 K가 1장 더 오는 것을 기대하는 것이 올바른 방법인지, 4포 이하에서는 양쪽 모두 일장일단이 있다고 하겠다.

이러한 상황의 초이스는 당사자의 취향과 스타일이 강하게 작용할 것이라고 느껴지지만, 그날그날 자신에게 '오늘은 어떤 쪽의 카드가 잘 들어오는 것 같다'라는 점을 생각해본 후 초이스를 결정하는 것도 음미해볼 만한 초이스 방법이라고 할 수 있다. 즉, 그날 자신에게 잘 들어오는 무늬나 숫자를 감안하여 초이스를 한다는 것이다.

5~6포의 경우

5~6포의 경우라면 상황은 많이 달라진다.

일단 5~6포 정도가 되면 하이 투페어로는 확실한 승산을 장담하기가 만만치 않다고 판단되기 때문에, 스트레이트의 가능성을 줄이고 K를 가지고 가는 것은 아주 잘못된 선택이다. 경우에 따라서는 "사람이 많으면 플러시 탑을 더 높게 가져가야 하는 거 아니냐?"

라고 생각할 수도 있지만, 이 같은 경우는 그것보다는 스트레이트 쪽의 가능성을 더 높여 가는 것이 훨씬 올바른 초이스라고 할 수 있다.

그래서 ♣K를 버린다고 가정했을 때, 플러시를 생각하지 않고 스트레이트만을 생각해보면 5-6-8이라는 카드가 되는 셈인데, 이 정도 카드라면 스트레이트 쪽의 가능성을 생각할 때 꽤 괜찮은 카드이다.

〈CASE 7〉

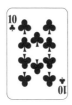  

4포 이하의 경우

이와 같은 경우라면 숨도 쉬지 말고 바로 K를 버려야 한다. 어차피 이러한 카드는 스트레이트를 겨냥하는 카드이고, 그랬을 경우에 10을 버린다는 것은 언어도단이기 때문이다.

당연한 이야기지만 혹시 이해를 바로 못할지도 모르는 분들을 위해 간단히 설명을 덧붙이자면, 10-J-Q를 가지고 갈 경우 처음에 9나 K가 오게 되면 바로 양방 스트레이트가 되고, 8이나 A가 오게 되면 '빵꾸 스트레이트(1장 끼우기 스트레이트)'가 된다.

그렇다면 스트레이트가 되기 위해 필요한 숫자는 8, 9, K, A의 4장 가운데 1장이 되며, 그 중 9나 K가 오면 양방이 된다.

그런데 10을 버리고 J, Q, K를 가지고 가는 것을 생각해 보면, 숫자는 조금 높아져서 페어가 붙었을 경우 유리한 면이 있기는 하지만, 그 차이란 실로 아주 미약하다.

그리고 스트레이트의 확률을 볼 때, 처음에 10이 오면 양방 스트레이트가 되고, 처음에 9 또는 A가 오면 10을 끼워 맞추어야 스트레이트가 된다.

그렇다면 이 경우에 스트레이트가 되기 위해 필요한 카드는 9, 10, A의 3장 중 1장이며, 그 중에서도 양방이 되려면 반드시 10이 와야 한다. 그러면 앞에서 K를 버렸을 때와 비교해 얼마나 큰 차이가 있는지는 여러분 스스로가 금방 느낄 수 있을 것이다.

수많은 하수들이 '단지 조금 높은 숫자'라는 이유 때문에 〈CASE 7〉과 같은 경우에 당연한 듯 10을 버려왔을 것이다. 하지만 이제는 그것이 얼마나 상대방을 이롭게하는 행동인지, 얼마나 어리석은 초이스 방법이었는지를 깨닫고 향후로는 절대 똑같은 실수를 계속 되풀이해서는 안된다.

5~6포의 경우

이 같은 경우는 4포 이하나 5~6포에 전혀 상관없이 똑같은 초이

스를 해야 하는 경우이다. 즉, 아래쪽이든 위쪽이든, 한쪽이 막힐 수
있는 상황에서 스트레이트를 노릴 때의 초이스로서 기본적으로 알
아두어야 할 사항이다.

그러면 이와 유사한 경우를 살펴보기로 하자.

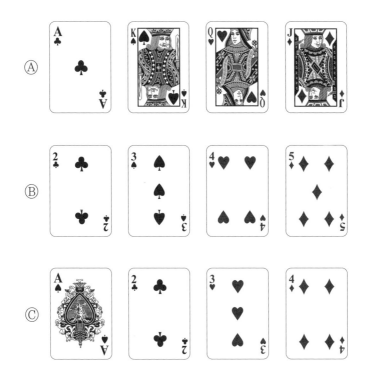

Ⓐ, Ⓑ의 경우는 〈CASE 7〉의 설명과 같은 카드이므로 더 이상의
언급이 필요없으리라 느껴지지만, Ⓒ의 경우에는, 4포 이하(사람이

적을수록)에서는 ◆4(또는 ♣2, ♥3)를 버릴 수 있으며 또 그렇게 하는
것이 보다 더 정확하고 효율적인 초이스가 된다고 할 수 있다.

ⓒ와 같은 경우에서 A페어의 가능성이란 결코 무시할 수 없고, 또
그 위력 역시도 4포 이하의 경우에서라면 상당히 크기 때문이다.

〈CASE 8〉

4포 이하의 경우

이와 같은 경우에 거듭 반복되는 얘기지만, 가장 중요한 점이 바로
K라는 숫자다. 그리고 K라는 숫자로 투페어를 만들었을 때 과연 승
산이 있는가를 확실히 알아야 한다.

그래서 앞서 언급했던 대로, 4포 이하의 게임에서는 하이 투페어로
충분한 승산이 있다는 신념을 가지고서 ◆8을 버릴 수 있어야 한다.
그렇기 때문에 만약에 ◆K가 아니라 ◆J나 ◆10같이 투페어로 아
주 큰 위력을 발휘할 수 없다고 판단되는 카드라면 ♣5를 버릴 수도

있다(사람이 많을수록).

이 부분에 대해서는 잠시 뒤에 다시 한 번 설명하기로 하고, 이러한 경우 카드의 선택에 대해서는 한두 판의 결과로서 그 좋고 나쁨을 가려서는 안된다.

'이러한 상황에서는 이렇게 하는 것이 정석'이라는 본인 나름의 신념을 항상 가지고서 '게임이 잘 안 풀리는 날'이라든가 '뭔가 패의 흐름을 바꾸어보고 싶다'든가 등으로 흐름에 변화를 구하고 싶을 때는 얼마든지 초이스의 방법이 달라질 수도 있다는 사실만 알고 있으면 된다.

이 책에서 다루는 초이스의 종류는 어느 누가 보더라도 100% 확실하게 '좋다, 나쁘다'라고 단언하기 어려운 종류이기 때문에, 어떤 방법의 초이스가 자신에게 득을 줄지, 해를 줄지는 그 날의 패가 들어오는 상황에 의해 달라질 수도 있다.

어차피 뒤에 떨어질 카드가 무엇인지 모르는 상황이기에 우리는 단지 어떤 선택이 좀 더 가능성이 높으며, 어떤 선택이 좀 더 자신을 잘 감출 수 있으며, 어떻게 하는 것이 조금이라도 더 효과적으로 장사를 잘할 수 있는 것인지… 등의 많은 상황을 고려해 초이스 방법을 결정하면 된다.

"초이스를 잘못 했어."라며 분통을 터트리는 사람을 종종 볼 수 있다. 하지만 초이스의 올바른 방법을 몰라서 근본적으로 잘못된 초이스를 해 큰 손해를 본 것이라면 모를까, 정상적인 상황에서 정확한 초이스를 했는데 단지 뒤에 떨어지는 패가 엉뚱하게 다른 쪽으로 흐른 것이라면(물론 그와 같은 경우에도 아까운 것이야 사실이지만) 그것은 절대로 아쉬워할 필요가 없고, 아쉬워해서도 안된다.

뒤에 무슨 패가 떨어질지 예상하고 거기에 맞추어서 초이스를 할 수 있는 사람이 있다면, 그 사람은 지금 당장 저 유명한 도박세계 라스베이거스에 가서도 백전백승을 할 수 있는 사람이기 때문이다.

그렇기에 우리는 가능한 대로 정석을 알고서, 상황에 맞추어 단지 1%라도 더 좋은 가능성을 가지기 위해 노력하면 된다.

5~6포의 경우

5~6포의 경우에는 또 상황이 많이 달라진다. 우선 이 경우에는 일단 ♣5를 버려야 한다(특히 6포에서, 그리고 급한 승부를 걸고 싶지 않을 경우에).

여기에도 또 수많은 이유가 있지만 앞에서의 이론과 같은 것이므로 재차 설명하는 것은 생략하기로 하며, 5포의 경우라면 ♦8을 버리고 승부하는 쪽의 초이스를 할 수도 있다. 하지만 여기서는 가능한 대로 안전하고 피해가 적은 쪽으로(물론 안전하다는 것은 그만큼 상대의 것을 가지고 오는 데는 반대로 작용하겠지만) 초이스의 정석을 다루는 것이라고 생각하면 된다.

바로 아래에 예로 든 Ⓐ의 경우는 〈CASE 8〉과 비교하여 ♦K가 아닌 ♦J가 들어온 것이다.

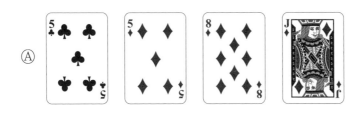

얼핏 보기에는 K와 J의 차이만 있을 뿐이다. 그러나 바로 이 조그만 차이는 우리가 그냥 지나치기 쉽지만 절대로 무시해서는 안될 중요한 부분이라는 것을 기억해야 한다. 즉, 이것은 플러시를 포기하고 페어 쪽으로 선택을 했을 때 K투페어와 J투페어의 차이이다.

포커게임은 투페어로 승부가 결정되는 판이 대부분이다(사람이 적으면 적을수록). 그런 면에서 볼 때 투페어로서의 K투페어와 J투페어의 차이는 상당히 크다.

여러분은 이 점을 명심해야 한다. 같이 플러시가 되었을 때 K플러시와 J플러시의 차이는 의외로 그다지 크지 않다고 생각해도 좋다. 왜냐하면 플러시는 웬만해선 잡기 어려운 족보이기 때문에 플러시라는 족보 그 자체로서 훨씬 더 의미가 크다고 할 수 있다.

물론 같은 플러시로서 탑에서 지는 경우도 종종 있긴 하지만, 투 페어의 끗발 싸움의 횟수와 비교해본다면 어느 쪽이 의미 있는 K와 J의 차이인가를 금방 알 수 있으리라.

그렇기 때문에 Ⓐ와 같은 카드가 들어왔을 경우에는 〈CASE 8〉과 비교해 훨씬 더 ♣5를 버리고 플러시 쪽으로 비중을 둔 초이스를 해야 한다(사람이 많을수록). 사람 수를 기준으로 한다면, 4포 정도까지도 플러시 쪽으로 초이스를 하는 것이 정석에 가깝다고 할 수 있다.

〈CASE 9〉

4포 이하의 경우 (5~6포의 경우도 동일)

이와 같은 경우에는 무조건 9를 버릴 줄 알아야 한다.

여기에는 크게 두 가지 이유가 있다. 첫번째 이유는, 앞의 '3, 4, 5, 6포에 상관 없는 경우'의 〈CASE 6〉의 이론이다. 그리고 두번째 이유는, A와 3으로 연결되는 '백 스트레이트(A-2-3-4-5)'의 가능성도 덤으로 생기기 때문이다.

물론 플러시가 되었을 경우 9가 3보다 조금 더 좋은 것은 사실이지만, 이미 A와 K가 다이아몬드로 있는 상황에서 9와 3의 차이란 실제로 거의 없다고 보아도 무방할 만큼 미미하다. 그렇다고 하면 앞의 '두 가지를 부수적으로 얻을 수 있는 초이스'를 선택해야 한다는 것은 너무나도 당연하지 않겠는가?

지금까지 반복해서 얘기해 왔듯이, 초이스의 기본 바탕이 되는 맥이 무엇인지만 확실히 알고 있으면 언제, 어디서, 어떤 경우에라도 소신껏 초이스할 수 있다. 그리고 그렇게 되기 위해서는 기본적으로 반드시 숙지해두어야 할 것이 어떤 것이며, 왜 그렇게 해야 하는지를 확실히 이해해두어야 한다.

초이스야말로 여러분들이 손에 가지고 있는 카드를 전혀 다른 카드로 바꾸어버릴 수 있는 마술사와 같다는 사실을 명심하기 바란다. 좀 더 많은 부분을 얘기하고 싶지만 지면 관계상 초이스에 대해서는 여기서 일단락을 맺기로 하고, 다음에 기회가 온다면 더욱 자세하게 알려드리도록 하겠다.

설명 중에 잠시 언급한 적이 있지만, 카드의 초이스에는 여러 가지 방법이 있을 수 있고, 각각의 특징과 장단점이 있는 것은 너무나도 당연하다. 그렇기에 우리는 항상 모든 가능성과 상황을 나름대로 판단하여 단지 1%라도 승산을 높이기 위해 이러한 이론을 알아두자는 것이지, 바로 뒤에 무슨 카드가 떨어질지 아무도 모르는 상황에서는 결코 '매 판마다 항상 최선의 초이스를 할 수는 없다'는 것을 분명히 밝혀둔다.

"5페어를 잘랐더니, 5가 또 들어오네." "페어를 살리느라 플러시를 버렸더니…." "플러시 때문에 줄을 놓쳤어." 등등 매 판이 끝날 때마다 참으로 자주 들을 수 있는 귀에 익은 푸념들이다. 하지만 그것이 올바른 초이스 방법에 의한 정확한 선택이었다면 반드시 그 반대의 상황도 오는 것이고, 또 그럼으로 해서 반드시 여러분에게 보다 큰 즐거움과 좋은 결과를 가져다 줄 것이라고 필자는 굳게 확신한다.

재미있는 포커 이야기_3

두려움을 느끼면 이길 수 없다

포커게임을 알기 시작하고, 또 승률이 조금씩 좋아지면서 나타나는 공통점은 자신도 모르는 사이에 자만심을 가지게 된다는 점이다. 다시 말해 게임에 대한 자신감을 갖게 되면서 상대를 얕보고 무시하는 교만한 마음이 생긴다는 뜻이다.

그리고 이러한 마음가짐은 블러핑을 자주 시도한다든지, 상대의 블러핑을 멋지게 잡아내려 한다든지, 무조건 거친 베팅 판을 리드하려 한다든지 하는 식으로 나타난다. 정상적인 운영에 의한 승리보다 억지로 승리를 만들어내려 하는 것이며 전문가들은 이것을 멋 부리는 플레이라 표현한다.

이러한 현상은 자신의 승률을 떨어트리는 결과를 가져오기 때문에 절대로 가져서는 안 되는 마음가짐이다. 자칫 반복된 습관으로 굳어지면 포커게임에서 영원히 좋은 승률을 기대할 수 없다. 그래서 포커게임에서 '가장 중요하고 흔한 실수는 상대를 얕보는 것'이라고 한다.

그러나 상내를 얕보는 교만함보다 더욱 위험한 마음가짐이 있으니 바로 '상대를 두려워하는 것'이다. 상대를 얕보는 것은 시간이 지나면서 스스로 치유할 수 있는 부분이지만, 상대를 두려워하는 마음가짐은 참으로 고치기 어렵다. 그리고 게임에서의 승률 또한 현저한 차이가 난다.

상대를 얕보는 것은 위험하긴 해도 게임을 리드해간다는 점에서는 장점도 있다. 하지만 상대를 두려워하면 게임 시작 전부터 이미 지고 들어간 상태나 마찬가지다. 바둑이나 야구 등 어떤 경기도 심리적으로 상대에게 위축돼 있어서는 절대 좋은 결과를 기대하기 어렵다.

　상대에게 두려움을 느끼면, 바둑에서는 어려운 변화를 피하고 분쟁을 원치 않기에 자꾸 물러서다 형세를 그르치게 되고, 야구에서는 투수가 홈런이나 안타를 두려워해 자꾸 볼넷을 내줘 더 큰 화근을 자초하게 된다. 그렇기에 어떤 종목에서든 상대에게 이길 수 있다는 자신감을 갖는 것이야말로 승리를 위한 첫 번째 요소라 해도 지나치지 않으며 포커에서는 그 중요성이 더욱 강조된다.

　포커에서는 똑같은 패를 가지고도 운영에 따라 큰 피해를 작은 피해로 바꿀 수 있고, 또 큰 소득을 올릴 수도, 작은 소득에 그칠 수도 있다. 이러한 결과에 가장 큰 영향을 주는 점이 게임을 앞서서 리드하느냐, 아니면 끌려다니느냐 하는 부분이다.

　즉, 앞서서 판을 리드하는 사람은 자신이 베팅이나 레이즈를 주도하기 때문에 자신이 승리할 때는 판을 키울 수 있고, 자신이 패배할 때는 적은 피해 상황에서 도망갈 수도 있다는 것이다.

　그러나 상대를 두려워해서는 플레이가 위축되기에 앞서서 판을 리드하는 플레이를 펼칠 수 없게 된다. 소신 있는 플레이를 하지 못하고 끌려 다닌다면 이것은 필연적으로 나쁜 결과로 이어질 수밖에 없다.

　앞서 언급했듯이 판을 리드하려고 상대를 얕보는 플레이를 해서는 안 된다. 하지만 상대를 얕보는 것보다 더 안 좋은 것은 상대를 두려워해 자신의 플레이를 펼치지 못하고 소극적으로 끌려 다니는 플레이라는 점을 명심해야 한다.

그래서 포커게임에서는 "가장 위험한 것은 상대를 얕보는 것이고, 더 위험한 것은 상대를 두려워하는 것이다."라는 명언이 오래도록 전해 내려오고 있다.

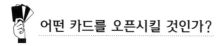

어떤 카드를 오픈시킬 것인가?

카드 3장 중 오픈시켜야 할 카드

지금까지 우리는 손에 들어오는 4장의 카드 중 1장을 버리는 방법에 대해서는 어느 정도 다루어왔다.

이제 그 다음 단계로서, 3장의 카드 가운데 과연 '어떤 카드를 오픈시켜야 할 것인가?'에 대해 알아보기로 하자. 이 부분도 절대로 그냥 지나칠 수 없을 정도로 무궁무진한 의미를 가지고 있으므로 항시라도 몸에 배어 숙달될 수 있도록 해야 한다.

이것은 앞의 '어떤 카드를 버릴 것인가'보다는 훨씬 쉽고 간단하지만, 결코 그 중요성만큼은 뒤떨어지지 않는다는 것을 꼭 명심해두기 바란다. 아울러 이 부분은 앞의 '어떤 카드를 버릴 것인가'와 같이 '4포 이하의 경우'와 '5~6포의 경우'로 나뉘지 않고 일정한 것이 대부분이기 때문에, 여러분들이 이해하기도 한결 수월하리라고 생각한다.

아무런 생각 없이 선택하는 1장의 카드가 얼마나 큰 의미를 가지고 있는지는 지금까지의 설명으로 어느 정도 알았으리라 생각하고, 이제부터는 아무런 생각 없이 오픈시키는 1장의 카드가 왜 중요한

지에 대해 다루어보기로 하자.

거듭 반복되는 말이지만, 모든 포커게임의 이론과 중요하게 알아두어야 할 점들은 앞에서 다루었던 부분들과 거의 동일하다. 따라서 반복되는 경우에 대해서는 만약 잘 이해되지 않는 부분이 나타나면 앞의 설명을 다시 한 번 살펴보고 잘 기억해보면 큰 도움이 될 것이다.

여기서도 여러분들이 기억해 두어야 할 가장 중요한 단어는 앞에서도 얘기했던 대로 중복이라는 단어다. 이 단어야말로 '어떤 카드를 오픈시킬 것인가?'를 이해하는 데 결정적인 도움을 주는 단서가 될 것이다.

지금부터 그림으로 보기를 들어가며 한 가지씩 알아보기로 하자.

〈CASE 1〉

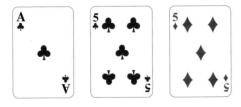

5원페어와 같은 무늬의 A(이 때 A의 의미는 하이 카드 K, Q 포함)가

있을 경우이다.

이와 같은 경우에는 숨도 쉬지 말고 ◆5를 오픈시켜야 한다. 이 경우에 ♣A를 오픈하는 사람이야 별로 없으리라고 생각하지만, 그 이유는 다음과 같다.

우선 ♣A를 오픈하는 경우를 놓고 생각해볼 때, 필요한 숫자는 당연히 A 또는 5가 된다(일단 플러시 부분의 무늬는 생각지 말자). 그런데 5가 왔을 경우라면 5트리플이 되면서 완벽히 감추어질 수 있는 상황이 되지만, A가 왔을 경우에는 사정이 상당히 달라진다. 자신의 액면에 A페어를 깔아놓은 상태에서 손에는 5페어를 가지고 있는 상황이다.

포커게임을 하는 사람이라면 100이면 99명은 상대의 액면에 A페어가 깔리게 되면 그 패는 일단 A투페어로 생각하고 대응을 한다(물론 그보다 더 높게 평가할 수도 있다). 그리고 그 카드는 거의 대부분 읽은 대로 A투페어다.

같은 A투페어일지라도, 액면에 A페어를 깔아놓은 상태에서의 A투페어와 그렇지 않은 상태에서의 A투페어의 효용가치의 차이는 너무나도 엄청나다.

A페어를 자신의 액면에 깔아놓고 실제로 A투페어를 든 상태라면 큰 장사를 기대하기는 이미 힘든 상황이다(물론 다음이나 그 다음에 5가 와서 풀하우스가 된다면 상황은 달라지겠지만, 그것은 결국 A를 오픈시키

나 5를 오픈시키나 똑같다).

자신의 재산을 있는 그대로 다 보여준 상태에서 큰 장사를 기대하는 건 처음부터 무리이기 때문이다. 그렇다고 하면, 자기 자신을 노출시키지 않고 큰 장사를 노릴 수 있는 카드는 오직 5라는 숫자 한 가지뿐이라는 얘기가 된다.

이제 반대로 ◆5를 오픈시켰을 경우를 생각해보자.

우선 이 경우라면 5가 오든 A가 오든 일단 상대의 경계심을 전혀 불러일으키지 않는다. A가 와서 A투페어가 되는 것은 아무런 흔적도 생기지 않으며, 만약에 5가 와서 5트리플이 되어도 자신의 액면에 깔려 있는 5페어는 그 자체로는 아직까지 모든 사람의 경계대상에서 제외될 수 있다.

그렇다면 이 경우에는 5가 오든, A가 오든, 자신의 정체를 노출시키지 않은 채 좋은 찬스를 얼마든지 노릴 수 있다. 이 차이만 보더라도 왜 ◆5를 초이스해야 하는지는 명확해진다.

거기에 부수적으로 ♣쪽의 플러시에 대한 부분도 완벽히 감추어질 수가 있다.

그러면 이와 비슷한 경우의 예를 종류별로 좀 더 자세히 알아보기로 하자.

지금과 같은 경우에 5페어를 감추고 A를 오픈하는 것이 얼마나 비효율적인 운영인지를 깨닫고, 이제부터 A를 오픈하는 운영은 영원히 머릿속에서 지워버려야 한다.

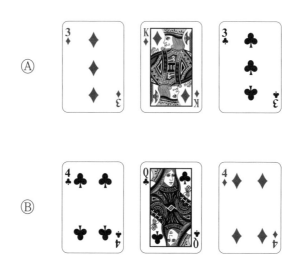

Ⓐ, Ⓑ에서 보듯이 A, K, Q와 같이 그 카드를 오픈시킨 뒤 그 카드의 페어가 떨어졌을 때 상대에게 경계대상이 될 수 있을 정도의 하이 카드라면 반드시 앞의 이론에 의해 카드를 오픈시켜야 한다.

다시 말해 Ⓐ에서는 무조건 ♣3을, Ⓑ에서는 무조건 ♦4를 오픈 시켜야 한다는 뜻이다.

그러면 10이나 J정도 되는 카드는 어떻게 해야 하는지는 그때그 때의 상황(사람 수의 많고 적음 등)에 따라 여러분의 판단에 맡기겠다.

〈CASE 2〉

이것은 〈CASE 1〉과 다른 점이, 〈CASE 1〉에서는 A가 같은 무늬였는데 여기서는 무늬가 모두 다른 경우이다.

이때는 〈CASE 1〉보다는 약간 더 많은 사람이 A를 오픈시키지만, 이런 경우에도 〈CASE 1〉과 똑같은 이론으로서 절대로 A를 오픈시켜서는 안된다.

거듭 되풀이되는 얘기지만, 지금과 같은 상황에서 어떤 카드를 오픈하느냐에 따라 여러분이 이기는 판에서 얼마나 더 실속 있고 효율적인 소득을 올릴 수 있는지에 큰 영향을 준다는 사실을 명심해야 한다.

그러면 어떤 상황에서 페어를 손에 감추고 가야 하는가?

이것에 대해서는 〈CASE 3〉에서 다루기로 하고 〈CASE 2〉와 유사한 경우의 예를 더 보기로 하자.

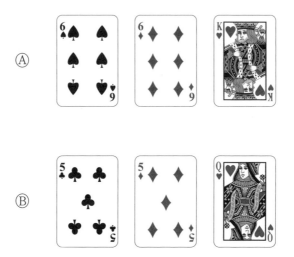

　이것도 역시 〈CASE 1〉과 100% 동일하다고 생각하면 된다. 항상 A, K, Q와 같은 카드는 자신의 카드가 페어 쪽의 방향일 경우에는 '가능한 대로 오픈시키지 않는 것이 원칙'이라고 생각하면 된다.

　아니, 가능한 대로가 아니라 '무조건 오픈 시키지 않는것이 원칙'이라고 생각해도 좋다. 상황에 따라 아주 약간의 변수가 있는 것은 사실이지만 그 부분에 대해서는 추후 기회가 오면 상세히 설명하도록 하겠다. 위의 그림 Ⓐ, Ⓑ의 경우 모두 페어를 찢어 오픈시키는 것이 올바른 방법이다.

〈CASE 3〉

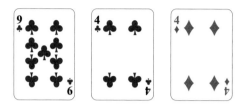

　이와 같은 경우라면, ◆4를 오픈시키는 것과 ♣9를 오픈시키는 것의 나름대로의 장단점이 비슷비슷할 정도로, 자신의 취향에 의해 결정될 수 있다고 하겠다.

　이것이 〈CASE 1〉이나 〈CASE 2〉와 가장 다른 점은, ♣9를 오픈시키고서 4에 대한 가치를 높이고, 자신의 액면에 설혹 9자가 1장 더 와서 9페어가 깔려 있더라도 어차피 상대가 별로 경계를 하지도 않을 것이라는 장점이 있다(그러나 실제로 9투페어를 가지고는 그 판을 이길 확률도 그렇게 크지는 않다는 점도 간과해서는 안된다). 그렇기에 승부를 4트리플에 걸고서, 4트리플을 좀 더 완벽하게 감추는 방법으로서 ♣9를 오픈시킬 수 있다.
　그리고 이 경우 ◆4를 오픈시키는 것도 나름대로 충분한 가치가 있다. ◆4를 오픈시키면 4가 오든, 9가 오든, 어차피 상대로부터 별 경계의 대상이 안 되는 것은 마찬가지이니 이왕이면 ♣플러시 쪽을 완벽하게 감추고 가자는 뜻이다.

그래서 이 두 가지는 어느 쪽이 올바른 초이스이고, 더 좋은 초이스라고 단정지어 얘기하기는 약간 어렵다. 어느 것을 오픈시키든 양쪽이 모두 괜찮다는 이야기이다.

지금과 같은 경우에는 당사자의 게임운영 스타일과 취향에 의해 결정하면 된다. 단, ♦4를 오픈시키는 것과 ♣9를 오픈시키는 것의 차이가 무엇인지 확실하게 알아두기 바란다.

그러면 〈CASE 3〉과 비슷한 경우의 예를 들어보기로 하자.

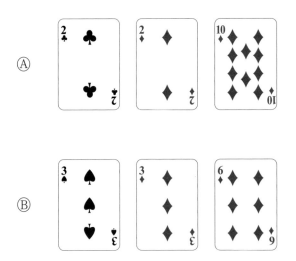

〈CASE 4〉

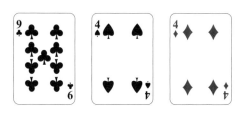

〈CASE 3〉과의 차이점은 9와 4의 무늬가 모두 다르다는 점이다. 이와 같은 경우에는 애초부터 플러시라는 기대는 거의 안할테고 기대를 거는 방향은 페어 쪽의 가능성뿐인데, 〈CASE 3〉과 같은 이유로서 이와 같은 경우에는 반드시 9를 오픈시켜야 한다는 것을 알아두어야 한다.

어차피 9투페어로서 승산이 그렇게 크지 않다면, 한쪽이라도 더 확실히 감추고서 승부를 건다는 의미로 받아들인다면 이해가 쉬울 것이다.

그렇다면 투페어가 되었을때 위력을 발휘하는 숫자는 어디까지 일까? 앞에서와 마찬가지로 여기서도 플레이어의 수에 따라 약간 의 차이가 있다. 하지만 일반적으로는 A, K, Q까지만 해당된다고 생각해도 무방하다.

〈CASE 3〉, 〈CASE 4〉, 〈CASE 5〉는 거의 같은 상황의 초이스라고 생각해도 괜찮을 듯하다.

〈CASE 5〉

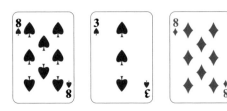

　특히 〈CASE 3〉과 〈CASE 5〉의 경우는 '플러시를 감출 것인가', 아니면 여러가지 상황의 효과를 노리고 '플러시 1장이 노출되더라도 페어를 완벽하게 감출 것인가' 하는 차이만이 있을 뿐, 두 가지 경우 모두가 당사자의 취향에 따라 선택할 수 있을 정도의 카드라고 생각한다.

　그래도 둘 중의 하나를 선택해야 한다면, 〈CASE 3〉과 〈CASE 5〉 같은 경우는 플러시를 감추고 페어 중의 한 장(다른 무늬)을 오픈시키는 쪽이라 얘기하겠다.

　그리고 앞의 〈CASE 4〉의 경우라면 당연히 페어를 감추고 ♣9를 오픈시키는 것이 더 올바른 방법이라고 할 수 있겠다.

　'어떤 카드를 버릴 것인가'에서도 언급했지만, 지금의 〈CASE 1〉 ~〈CASE 5〉의 경우에서 우리는 중요한 사항 한 가지를 체크하고 넘어가야 한다.

여러 가지 상황에 대한 대응 능력, 베팅 능력, 게임 운영 능력 등등, 자신이 동원할 수 있는 모든 방법을 사용해 상대방의 실력을 가늠해 본 후 그의 실력이 '어느 정도 수준 이상'이라는 판단이 내려진다면, 그 상대의 초이스 스타일은 일단 지금까지 우리가 다루어왔던 부분과 많이 일치한다고 생각해도 무방하다.

그렇다면 여기서 우리가 절대로 놓치고 넘어가서는 안 될, 대단히, 몹시, 상당히 그리고 무지무지하게 중요한 공통점을 발견해야 한다.

100% 모두가 그런 것은 아니지만, 처음에 오픈시킨 카드와 같은 숫자가 4~6구 사이에 떨어져 페어가 되었을 경우(특히 고수들일수록), 그 처음에 오픈시킨 카드가 Q, K, A와 같이 상당히 높은 카드라면 일단 트리플의 가능성은 (마지막 장에 뜨지 않는 한)거의 없다고 보아도 괜찮다.

그리고 그 반대로 처음에 오픈시킨 카드가 낮은 숫자인데 4~6구에 그 카드와 같은 숫자가 떨어져서 페어가 된다면 이때는 조금 긴장해야 한다.

일단 트리플의 가능성을 조금은 염두에 둔 상태에서 다른 사람의 액면에라도 그 숫자가 빠져 있는지, 혹은 자신의 손에 들고 있는 카드 중에 그 숫자가 빠져 있는지, 자신이 처음에 버렸던 숫자는 아니었는지 등등, 아무튼 여러분이 볼 수 있고, 보았던 카드를 모두 상기시켜 상대의 카드가 트리플이 될 가능성을 계산해보는 것이 바람직하다.

그렇다고 해서 K나 A 또는 Q 정도를 처음에 오픈시키고 4~6구에서 그 숫자가 또 떨어져 페어가 되었을 때는 무조건 트리플이 없고, 처음에 오픈시킨 카드가 낮은 숫자인데 그 숫자와 같은 카드가 떨어져 페어가 되었을 때는 트리플의 가능성이 아주 높다는 것은 결코 아니다.

그렇지만 틀림없는 사실은, 후자의 경우에는 앞서 말한 방법 등으로 반드시 트리플의 가능성을 일단은 체크해야 하며, 전자의 경우라면 거의 대부분 일단 트리플의 가능성은 무시해도 괜찮다는 뜻이다 (상대의 실력이 인정될 때).

그래서 게임 중에 상대의 초이스 스타일, 처음에 어떤 카드를 오픈시키는지 등등의 카드 스타일을 기회가 오는 대로 알아두는 것이 상당히 중요하다.

그렇기 때문에 포커게임에서 좋은 성적을 올리기 위해서는 상대방의 모든 것 즉, 가족관계, 연간 수입, 혈액형, 성격, 취미 생활 등등 알 수 있는 모든 것을 알아야한다는 우스갯 소리가 명언으로 전해 내려오고 있는 것이다.

실제로 이 책의 이론과 다른 방법의 초이스를 하는 사람들, 특히 예를 들어 'K-5-5'와 같은 카드가 들어왔을 때 K를 처음에 오픈시키고 항상 페어를 손에 감추는 스타일의 사람들이 예상 외로 많다.

이러한 초이스 방법의 잘못된 점은 앞에서 얘기했고, 그러한 초이스를 하는 사람일수록 하수에서 벗어나기 어렵다.

항상 페어를 손에 감추는 스타일이라면, 그 사람의 카드는 처음에 오픈시킨 카드와 같은 숫자의 카드가 4~6구에서 떨어졌을 때, 그 처음에 오픈시킨 카드의 숫자가 높건 낮건 상관없이 그 숫자의 트리플은 (마지막에 뜨지 않는 한) 거의 없다고 봐도 무방하다.

왜냐하면 페어를 항상 손에 감추고 가기에 그런 사람의 카드는 처음에 오픈시킨 카드와 같은 숫자가 떨어져도 잘돼야 투페어이고, 아주 드문 경우이긴 하지만 처음에 트리플 출발을 하였다면 포카드가 될 수는 있다.

그렇기 때문에 그런 사람의 카드는 처음 오픈시킨 카드와 같은 숫자의 카드가 4~6구에서 떨어져 페어가 되었을 때 투페어나 포카드, 경우에 따라서는 풀하우스가 나올 수는 있어도 트리플만은 거의 나올 수가 없다는 것이다.

그러나 포카드는 일단 가정에서 제외시키고 풀하우스가 되는 경우, 그림 Ⓐ와 같이 6구에 ♥6이 떨어지면서 풀하우스가 되었다.

이러한 경우 어느 누구라도 6이라는 숫자가 와서 풀하우스가 되는 것은 전혀 눈치 챌 수가 없다. 이것은 포커게임을 하며 가장 환상적인 상황의 본보기이다(물론 6구까지 액면에 페어가 없이 마지막에 뜰 수 있다면 더욱 좋겠지만).

손에 들고 있는 카드

Ⓐ

처음에 오픈시킨 카드   4구   5구   6구

    상대의 액면에 페어가 있을 때 그것이 과연 트리플의 가능성이 있느냐, 있다면 그 가능성이 어느 정도인가?(①), 트리플의 가능성이 거의 없느냐?(②)의 차이를 가능한 한 정확히 판단하는 것이 중요한 것이지, 상대의 액면에 페어가 있다고 하여 "저건 풀하우스가 아닐까?"라고 생각하는 사람은 거의 없을 것이다.

    상대방의 스타일, 바닥에 깔린 카드, 4구부터 이어져온 베팅 상황 등등 모든 점을 종합해서 혹시 풀하우스가 아닌지를 짐작할 뿐, 상대의 액면에 페어가 있다고 하여 풀하우스라고 생각한다면 도저히 게임을 할 수가 없다.

그렇다면 상대의 액면에 페어가 떨어졌을 때 일단 ①과 ②, 둘 중의 하나라 생각하고, 지금까지 배워온 모든 이론과 상황 등을 종합해 정확하게 ①과 ②를 구별해내야 한다. 그 판단이 정확할수록 고수이며, 게임에서 좋은 승률을 가질 수 있기 때문이다.

그러면 이해를 돕기 위해 일단 상대가 어느 정도의 실력을 가지고 있고, 정상적인 초이스(처음에 카드를 오픈시키는 것 포함)를 한다는 가정 하에서, 높은 카드를 오픈시켜서 페어가 되는 것과, 낮은 카드를 오픈시켜서 페어가 되는 것이 왜 다른지에 대해 한 가지만 더 덧붙이겠다.

고수들일수록 페어 쪽의 가능성을 노릴 때는 절대로 높은 카드를 처음에 오픈시키지 않는다는 사실이다.

그 이유는 지금껏 해온 설명을 되새겨본다면 금방 이해할 수 있다. 그래서, 처음에 A를 오픈시켰을 때 거의 대부분의 사람이 "아, 저 사람은 손에 뭔가 페어를 감추고 있구나."라고 생각하겠지만 그것은 참으로 잘못된, 당장 버려야 할 생각이다.

A를 오픈시킨 사람의 실력이 어느 정도 이상만 된다면, 여지껏 이 책에서 다루어왔던 이론대로 '페어가 있는데 A를 오픈시키는 것은 잘못된 것'이라는 사실을 충분히 알고 있기 때문이다.

그런데도 대부분의 사람들이 상대가 A를 오픈시키면 무조건 손에는 페어가 있다고 생각하는데, 'A트리플 출발'을 해서 어쩔 수 없이

A를 오픈시키는 것이 아니라면 '별 볼일이 없다'고 단정해도 좋을 정도라는 것을 분명히 기억해두기 바란다.

물론 경우에 따라서는 그렇지 않은 상황도 나올 수 있겠지만, 적어도 트리플 출발이 아닌 다음에는 K, A와 같은 카드를 오픈시켰을 경우는 일단 상대의 카드는(어느 정도 이상의 실력을 가지고 있다고 판단되는 사람일 때) "페어 쪽의 카드는 아니다."라고 생각해도 무방하다.

그러면 이와 같은 기본이론을 염두에 두고, 하이 카드(Q, K, A)를 오픈시켰을 때, 그 카드와 같은 숫자가 떨어져서 액면에 페어가 되는 것과, 낮은 숫자(8, 9 정도 이하)를 오픈시키고 그 카드와 같은 숫자가 떨어져 페어가 되는 경우의 차이를 그림으로 다시 한 번 알기 쉽게 설명하도록 하겠다.

나열된 보기 Ⓑ~Ⓚ의 차이를 우리는 반드시 알아두어야 한다. 이것은 알고 보면 아주 간단하고 쉽지만, 기본이론을 모른다면 아무리 많은 세월이 흘러도 모를 수도 있다. 우선 Ⓑ와 Ⓗ를 보자.

이것은 같은 K원페어에 나머지 카드도 같은 무늬가 2장 있는 정도로 똑같은 카드라고 생각하면 절대로 안 된다(여기서는 플러시의 가능성과 플러시의 탑에 관한 부분은 전혀 무시하고 페어 쪽의 가능성만 가지고 이야기하기로 하자).

어느 정도의 포커 실력을 가지고 있는 사람이라면 금방 그 차이를 느낄 수 있으리라.

	처음에 오픈시킨 카드	4구	5구	6구

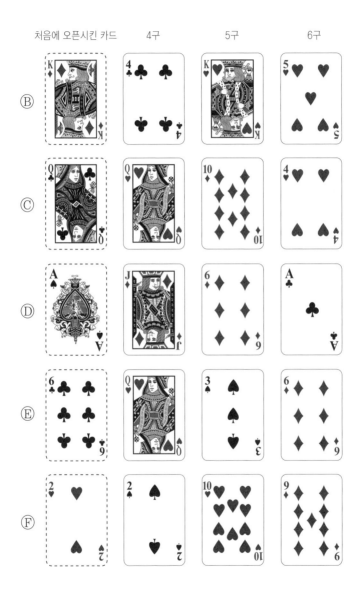

115

처음에 오픈시킨 카드	4구	5구	6구
G			
H			
I			
J			
K			

가장 큰 차이점이란, 우선 Ⓑ의 경우는 K를 처음에 오픈시킨 상태에서 5구에 K가 1장 더 떨어져 K원페어가 되었기에, 지금까지 수차에 걸쳐 설명해오던 이론에 의해 K트리플의 가능성이 거의 없다고 봐도 괜찮다.

하지만, Ⓗ의 경우는 처음에 오픈시킨 카드는 5이고 4구, 5구 (또는 6구라도 상관 없다)에서 K가 떨어져 K원페어가 된 것이다. 이와 같은 경우의 K원페어는 Ⓑ에서의 K원페어와는 다른 의미가 있다.

Ⓗ와 같이 K를 오픈시키지 않은 상태에서 4~6구 사이에 K가 2장이 떨어져 K원페어가 된 경우에는 절대로 K트리플의 가능성을 무시해서는 안 된다.

K페어가 액면에 떨어진 상대의 손안에 무슨 카드가 들어 있는지는 아무도 알 수 없고, 예측하기도 어렵기 때문이다. 기본적으로 이러한 이론을 알아둔 상태에서 Ⓑ~Ⓚ까지의 카드를 한번 살펴보자.

Ⓑ, Ⓒ, Ⓓ는 모두가 같은 경우로서, 하이 카드를 처음에 오픈시킨 상태에서 각각 1장씩 그 카드가 더 떨어져 원페어가 되었다. 일단 이러한 경우라면 지금까지 다루어왔던 이론을 근거로 생각해보면 거의 트리플이 나오기 힘든 상황이라고 볼 수 있다(물론 예외의 경우가 전혀 없는 것은 아니지만 그것은 상당히 드문 경우이고, 뒤에서 다시 한 번 상세히 다루기로 하자).

그리고 Ⓔ, Ⓕ, Ⓖ는 액면에 원페어가 있는 경우 중에서는 가장 트리플의 가능성이 높은 상황이라는 것을 반드시 알아두어야 한다. 이것 역시도 지금까지 설명해왔던 이론을 잘 생각해보면 이해하는 데 많은 도움이 될 것이다.

이해를 돕기 위해 좀 더 자세한 설명을 한다면, Ⓕ의 경우 2를 처음에 오픈시킨 상황에서 4구에 2가 한 장 더 오면서 원페어가 된 것이다. 그러면 손에 있는 카드 중 2가 1장이 더 있다면 트리플이 된다.

쉽게 얘기해서, 처음에 받은 4장 가운데서 2원페어가 있었다면 트리플이 된다는 의미이다.

다소 복잡하게 느껴질지 모르지만, 곰곰히 잘 생각해보면 분명히 Ⓙ 또는 Ⓚ보다는 트리플이 될 가능성이 많다는 것을 느낄 수 있다.

그래도 이해가 잘 안된다면 Ⓔ, Ⓕ, Ⓖ와 같이 낮은 숫자를 처음에 오픈시키고서 그 숫자가 페어가 된 경우가 Ⓙ 또는 Ⓚ와 같이 4~6구 사이에 같은 숫자가 2장이 와서 페어가 되는 것보다 훨씬 더 트리플이 될 가능성이 높다고 무조건 생각해도 좋다(물론 상대의 포커 실력이 어느 정도의 수준이며 정상적인 초이스를 한다고 가정하고서).

그리고 Ⓗ, Ⓘ는 Ⓙ, Ⓚ와 같이 모두가 중간에 같은 숫자의 카드가 2장이 와서 페어가 된 것이기에 트리플이 될 확률은 각각의 경우가 거의 다 비슷하며, 또 그 가능성이 Ⓔ, Ⓕ, Ⓖ와 같이 많다고 볼 수는 없지만 완전히 무시할 수는 없다.

결국 Ⓗ, Ⓘ, Ⓙ, Ⓚ의 경우는 Ⓔ, Ⓕ, Ⓖ의 경우보다는 가능성이 적다고 쉽게 생각해도 된다.

　이것은 상당히 의미 있고 반드시 알아두어야 할 아주 중요한 이론 가운데 하나인 만큼, 2권『운영편』의 '게임에서 이기는 법'에서 더 상세히 다루기로 하자.

〈CASE 6〉

　처음에 같은 무늬가 3장 들어왔을 경우이다. 이럴 때 (특히 하수일 수록) 습관적으로 가장 낮은 숫자를 오픈시키는 것이 보통이며, 가장 높은 K와 같은 카드를 오픈시키려 하지 않는다. 그러나 이것 역시도 반드시 버려야만 될 아주 잘못된 초이스 방법이다.

　플러시가 3장일 경우 항상 일정하게 가장 낮은 것을 처음에 오픈 시킨다는 것은, 반대로 K와 같은 높은 숫자를 처음에 오픈시켰을 경우, 일단 그 모양의 플러시는 염두에 두지 않아도 괜찮다는 것으로 해석이 되기 때문이다.

　또 Q나 J같은 숫자를 처음에 오픈시켰을 경우라도, 처음에 3장의 카드가 모두 Q나 J보다 높은 K, A로서 같은 무늬가 아닐 경우라면 일단 플러시의 가능성은 거의 없다고 보아도 틀리지 않기 때문이다.

그렇기에 같은 무늬가 3장 들어왔을 때 절대로 습관적으로 가장 낮은 것을 오픈시키지 말고, 더러는 가장 높은 숫자도, 또 더러는 중간의 숫자도 자신의 느낌이 가는 대로 오픈시키는 방법을 몸에 배도록 익혀두어야 한다.

지금의 이야기를 거울 삼아 상대방은 플러시 카드의 초이스를 처음에 어떤 식으로 하는지 기회가 올 때마다 체크해두는 것도 여러분의 의무라고 생각해야 한다.

다음의 그림과 같이 스트레이트를 노리는 카드이면서 한쪽이 막혀 있는 상황의 카드일 경우에는, 언제든지 가장 막혀 있는 방향에 가까운 카드를 오픈시켜야 한다. 즉,

⟨CASE 7-1⟩ → K를   ⟨CASE 7-2⟩ → A를

⟨CASE 7-3⟩ → 2를   ⟨CASE 7-4⟩ → A를

오픈시켜야 한다. 그래야만 6구 또는 5구에서 스트레이트 메이드가 되었을 경우에 자신을 조금이라도 더 감출 수 있기 때문이다.

〈CASE 7〉

[7-1]

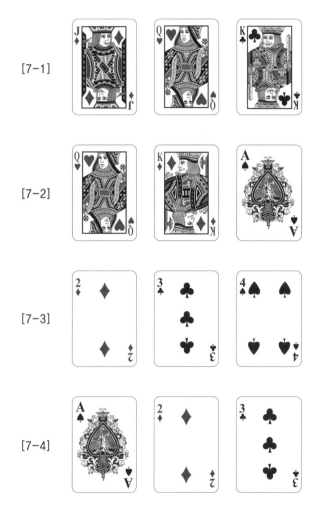

[7-2]

[7-3]

[7-4]

〈CASE 7-1〉을 보면, 5구에 스트레이트 메이드가 된 상황이다.

상황 ⓐ

| 손안에 있는 카드 | 첫 오픈 카드 | 4구 | 5구 | 6구 |

J Q / K 10 9 ?

상황 ⓑ

Q K / J 10 9 ?

그렇다면 이제 6구에서는 누구라도 스트레이트와 관계없는 카드
가 떨어지기를 바랄 것이다. 그랬을 때 결론은,

상황ⓐ – K를 오픈시켰을 경우 : J, Q만 오지 않으면 된다(6구에)
상황ⓑ – J를 오픈시켰을 경우 : 7, 8, Q, K가 오지 않아야 한다(6구에)

이 두 가지 경우의 차이는 실로 엄청나며, 여러분의 효과적인

장사(?)에 미치는 영향은 따로 말할 필요가 없다(이 때 6구에 메이드가 되는 경우에도 상황은 똑같다).

그렇기에 〈CASE 7-1〉, 〈CASE 7-2〉와 같은 카드를 가지고서 습관적으로 가장 낮은 숫자를 오픈시키는 것이 얼마나 큰 이적행위인가를 깨닫고, 이제부터는 절대로 그러한 우를 범하지 말아야 한다.

〈CASE 7-2〉, 〈CASE 7-3〉, 〈CASE 7-4〉와 같은 경우도 〈CASE 7-1〉과 똑같은 이론이므로 중복되는 설명은 생략하기로 하겠으며, 각각의 경우를 〈CASE 7-1〉과 같은 방법으로 여러분들이 스스로 비교해보면 쉽게 그 의미를 이해할 수 있을 것이다.

단, 이 경우 〈CASE 7-4〉와 같은 상황에서는 A를 감춘다는 의미에서 2를 오픈시킬 수도 있다(특히 4포 이하의 경우)는 것을 알아두기 바란다.

지금까지 우리는 '초이스의 기본'에 대해 '어떤 카드를 버릴 것인가', '어떤 카드를 오픈시킬 것인가' 두 가지로 나누어, 기본적으로 반드시 알아두어야 할 중요한 사항들에 대해 알아보았다. 아주 상세하고 조그마한 부분까지 모든 경우를 설명하기에는 지면 관계상 부족한 부분이 많지만, 그것은 차차 뒤에서 기회가 되는 대로 다시 한 번 다루도록 하겠다.

지금부터 다루고 설명하게 될 부분도 마찬가지이고, 지금까지 다루어왔던 모든 이론들도 "아니, 이렇게 하면 왜 안 된다는 거야?"

라며 절대적인 이의를 가지고 다른 견해를 나타낸다면, 필자는 그 주장에 대해서 특별히 반대하지 않는다. 사람이란 누구나 자기 나름의 고유 취향이 있을 수 있고, 또한 포커게임의 이론이라는 것은 다음 장의 카드가 무엇인지 아무도 알 수 없는 상황이기에, 어느 경우에라도 완벽하게 만족시키는 100% 확실한 초이스 방법이란 결코 있을 수 없기 때문이다.

뒤에 떨어지는 카드에 따라서는 A라는 방법이 좋을 수도, B라는 방법이 좋을 수도 있다. 거기에 "뭐하러 쓸데없이 메이드가 되어서 더 죽게 만드냐? 아예 메이드가 되지나 말지."라며 푸념을 놓는다는 것은, 바로 초이스의 옳고 그름이라는 것이야말로 그 판이 끝나기 전까지는 아무도 단언할 수 없다는 사실을 잘 증명해준다.

초이스를 잘못해서 플러시를 놓쳤는데 만약에 그 판에 상대방이 풀하우스를 잡았다면, 결과적으로는 오히려 전화위복이 되는 수도 있다. 하지만 항상 그러한 비정상적인 상황을 생각하면서 포커게임을 할 바에는 어려운 포커 이론을 일부러 공부할 필요가 전혀 없다.

그렇기 때문에 결국 우리는 끊임없이 반복되는 시행착오를 겪으면서 한 걸음 한 걸음 정상을 향해 올라가려고 노력하고, 그러는 와중에 한 가지 한 가지의 이론이 몸에 스며들어 자신의 것이 되는 것이다.

5가지 이론을 습득해서 단지 1%의 승률만을 올릴 수 있다고 하여도, 그것이 50가지가 되면 벌써 10%가 된다. 그렇기에 지금껏 얘기해왔던 이론들이 모든 상황에 100% 적용되는 완벽한 이론은 아니지만(아니 그런 이론이란 있을 수도 없다) 정확하게 이해해서 자신의 것으로 만들어 잘만 응용할 수 있다면 여러분들의 승률은 즉시 눈에 띄게 올라갈 것이라고 필자는 확신한다.

그리고 지금껏 해왔던 모든 이야기들을 이미 거의 다 알고 있는 사람들도 있겠지만, 단 한 가지라도 몰랐던 부분이 있었고, 이 책을 본 후 그것을 느끼고 이해했다면 그 사람은 또 한 수 위의 고수가 된 것이라 생각하면 된다.

재미있는 포커 이야기_4

최고의 갬블러, 최악의 갬블러

필자는 라스베이거스의 카지노에 근무하는 직원들과 라스베이거스를 생활의 터전으로 하고 있는 갬블러들에게 "어느 나라 사람의 갬블러 기질이 가장 뛰어나냐?"고 물었던 적이 있었다. 그랬더니 거의 대부분이 중국 사람을 꼽았다.

여기에는 여러가지 이유가 있었지만 모든 것을 종합해 단 한 마디로 정리했을 때 '중국인들의 만만디 근성' 때문이라고 할 수 있다.

라스베이거스의 카지노에 있는 중국인들의 특징은 거의가 절대 서두르지 않는다는 점이다. 자신에게 패가 뜨는 시기가 아니라고 생각될 때는 조급한 마음을 가지지 않고 기다릴 줄 안다는 것이다.

그래서 중국인들은 3박 4일 또는 4박 5일 등의 일정으로 라스베이거스에 왔다가도 게임이 생각대로 잘 풀리지 않으면 그 일정을 일주일 심지어는 열흘까지도 늘려가며 자신에게 승운이 오기를 기다린다는 것이다. 만약 도저히 일정을 연장하기가 어려운 상황이라면 게임을 하지 않고 그냥 돌아오는 한이 있어도 자신의 때가 아니라고 생각될 때는 승부를 걸지 않는다고 한다.

어떤 종류의 갬블에서든 자신의 때를 기다릴 줄 아는 것, 이것이야말로 고수가 되기 위한 절체절명의 요소이며 동시에 갬블뿐만 아니라 우리의 인생 어떤 분야에서도 반드시 명심해야할 마음가짐이다.

또 다시 라스베이거스의 직원들과 갬블러들에게 "한국 사람들의 갬블 기질은 어떠냐?"하고 물어보았더니 이 질문에 대해서는 한결같이 "라스베이거스를 찾아오는 전 세계 민족 중 갬블러로서 가장 자질이 떨어지는 국민으로 손가락에 꼽을 정도."라며 혹평했다.

그 이유는 "한국 사람들은 거의가 사생결단 식이다. 즉, 플레이가 너무 급하고 다혈질이며 그날만 게임하고 다시는 안 할 것처럼 플레이를 한다."는 것이었다. 그러면서 "라스베이거스의 카지노에서 1,000$를 가장 짧은 시간에 따거나 잃는 사람이 바로 한국 사람들이다. 그러나 유감스럽게도 대부분 잃는 쪽."이라는 것이었다.

그리고 또 한 가지 한국 사람들의 큰 특징은 게임이 안 풀릴 때 조급한 마음으로 빨리 만회하려고 급하고 무리한 승부를 자초한다는 점이었다. '게임이 안풀려서 잃고 있을 때는 더욱 조심을 해야 한다'는 갬블의 가장 기본적인 원리를 완전히 무시하고 있기 때문이다.

거기에 한국 사람들은 게임 중의 성적에 따라 표정의 변화가 너무 차이가 나서 다른 외국 사람들이 같은 테이블에서 게임을 즐기기가 부담스럽다고 한다. 그래서 외국인들은 한국 사람들과 같은 테이블에서 게임하는 것을 꺼릴 정도다.

어떤 종류의 갬블에서든 잃었을 때와 땄을 때의 플레이가 달라져야 함은 기본이다. 그런데 한국 사람들은 따고 있든, 잃고 있든, 따면 따는 대로 더 욕심을 부리고 잃으면 잃는 대로 흥분해 스스로를 자제하지 못한다는 것이다. 갬블은 운이 좋아서 이길 때도 있으며 운이 따르지 않아 질수도 있다.

그렇기에 자신에게 패가 뜨는 시기가 아니라고 판단될 때는 끝없이 기다릴 수 있는 인내심을 가지고 있는 사람만이 그 어려운 갬블의 세계에서 승자가 될 수 있다는 사실을 명심해야 한다.

대한민국에서
포커게임을
가장 잘하는 사람

포커뿐만이 아니라 어떤 종목에서든 아무리 고수라도 자기보다 더 강한 상대와 만나게 되면 이기기 어렵다. 그리고 반대로 아무리 하수라도 자기보다 더 약한 상대를 만나게 되면 이길 수 있다. 따라서 대한민국에서 포커게임을 가장 잘하는 사람은 바로 '자기보다 약한 사람과 게임을 하는 사람'이다.

모두가 너무도 당연한 이야기라고 할 것이다. 그런데 수많은 하수들이 이런 생각을 하지 않는다. 아니 어쩌면 이런 생각을 하는 자체를 수치스럽고 부끄럽게 생각하고 있는지도 모른다. 다시 말해 '치사하다', '쪽팔린다', '자존심이 있지' 등등과 같은 말을 입에 올리며 자기보다 약한 상대를 찾아 게임하는 것 자체를 다소 비겁한, 하기 싫은 행동으로 받아들이는 경향이 있다는 뜻이다.

물론 상대가 강하든 약하든 가리지 않는 것은 본인의 선택이다. 그러나 이때 중요한 건 좋은 성적을 내고 테이블에서 웃으며 일어날 수 있어야 한다는 점이다. 돈을 잃기 위해 포커게임을 하는 사람은 없기 때문이다.

그렇기에 만약 여러분이 테이블에서 웃으며 일어나지 못한다면 그때는 여러분이 신경 써야 할 목표는 오직 게임에서 이기고 웃으면서 일어날 수 있는 결과를 만드는 것뿐이다. 즉, 이기고 일어나는 것 한 가지만이 지상 최대의 목표가 되어야 한다는 뜻이다.

그런데 수많은 많은 하수들이 게임 테이블에서 하염없이 눈물을 흘리면서도 너무 많은 걸 챙기려 하고, 너무 많은 것에 신경 쓰고 있다. 더욱이 게임 결과에 마이너스가 된다는 것을 뻔히 알고 있으면서도 말이다.

하수들은 타이트한 운영을 하고 싶어도 상대들이 콧구멍을 판다며 핀잔을 줄까 봐 쓸데없는 눈치를 보며 스스로 망설이고, '포플(양방)인데 어떻게 죽어? 메이드로 죽으려면 카드를 치지 말아야지'라는 식으로 자존심을 챙기고, 분쟁이 생겼을 때 매너를 지키려 하고, 더욱 중요한 건 자신의 실력을 모른 채 상대를 가리지 않으니 나쁜 성적을 내는 것은 어찌 보면 당연한 일이기도 하다.

필자의 오랜 경험에 의하면 게임에서 좋은 성적을 올리지 못하면서도 상대의 기분에 신경 쓴다든지, 본인의 자존심, 매너 등을 챙기려 하는 하수들이 의외로 너무도 많았다. 물론 기본적으로 지켜야 할 매너라면 당연히 지켜야겠지만 규정된 룰 내에서는 승리를 위해 조금은 매너를 버려야 할 경우도 얼마든지 있을 수 있다.

앞서도 언급했듯이 상대의 기분이나, 자존심, 매너 등을 챙기려는 것은 게임 결과에 나쁜 영향을 줄 수밖에 없다. 그렇기에 그런 것들은 테이블에 앉는 순간 바로 잊어버려야 할 단어들이다. 물론 좋은 성적을 거둘 수 있을 때라면 상대의 기분, 본인의 자존심, 좋은 매너 등을 생각해도 좋다.

항상 좋은 성적을 낼 수만 있다면 그때는 다음의 취직을 감안해서 상대들에게 좋은 인상을 보여주는 것이 필요하기 때문이다.

'돈은 좀 잃어도 상관없다'는 마음가짐으로 포커를 즐기는 것이 아닌 한, 어느 누구라도 일단 이기는 것이 첫 번째 목표임은 당연하다. 그랬을 때 이기기 위해서는 포커 실력을 포함해서 조금 전에 언급했던 마음가짐들, 그리고 그 이외에도 너무나 여러 가지 요소가 필요하다.

그러나 포커를 즐기는 수많은 하수들이 이러한 모든 조건들을 갖추기는 쉽지 않다. 특히 기술적인 부분이나 앞에서 언급하지 않았던 여러 가지 조건 등은 게임을 경험해가면서 배우고 터득하게 되는 부분이기 때문이다.

그렇다면 모든 조건을 갖추지 못한 하수들이 포커 테이블에서 선택할 수 있는 방법은 무엇일까? 그것은 아주 간단하다.

돈으로 막든지, 포커를 그만두든지, 아니면 자신보다 더 약한 상대를 찾아 게임을 하는 것이다. 그리고 이것은 비단 하수에게만 국한된 이야기가 아니다. 어느 정도의 실력을 갖춘 중급자, 그리고 고수에게도 예외 없이 적용된다는 사실을 절대로 명심해야 한다.

아마추어 일류 바둑 고수가 프로기사를 만나면 어떻게 되겠는가? 일분일초라도 빨리 도망가는 것만이 살길이다. 상대를 잘못 만난 것이다.

만약 여러분이 자신보다 약한 상대와 게임을 할 수만 있다면 여러분의 앞길은 무지갯빛으로 빛날 것이다.

그런데 앞서 언급했듯이 많은 사람들이 '치사하다', '쪽팔린다', '자존심이 있지' 등등과 같은 말을 입에 올리며 약한 상대를 찾아 게임하는 것을 탐탁해하지 않는다. 그러나 이런 마음가짐이야말로 험한 포커 세계에서 살아남기 위해서는 가장 먼저 버려야 할 마음가짐 제1번이다.

본인보다 강한 상대와 게임하여 지는 것은 당당한 것이고, 약한 상대와 게임하여 이기는 것은 치사하다는 것은 도대체 무슨 논리인가?

어떤 종류의 경쟁에서든 필연적으로 고수와 하수가 있을 수밖에 없다는 것은 진리 중의 진리이며, 그 경쟁에서 이기는 고수를 아무도 치사하다거나 비겁하다고 생각하지 않는다. 그렇다면 굳이 여러분도 하수의 입장에서 어려운 승부를 해야 할 이유가 없지 않겠는가?

물론 하수들 중에는 상대가 본인보다 하수인지, 고수인지 구별이 안 되기에 하수를 골라 게임을 하고 싶어도 못하는 사람도 있으리라.

특히 포커는 다른 종목들처럼 실력을 나타내는 어떠한 등급이나 표시가 없기에 상대의 실력을 예측하기가 어려운 것이 사실이다.

그렇다면 상대가 자기보다 강한지 약한지는 어떻게 구별해야 할까?

포커는 실력을 나타내는 어떠한 등급이나 표시가 없다고 했지만, 의외로 상대의 실력을 판단하는 것은 그다지 어렵지 않다.

게임을 시작하고 나서 1~2시간이 지나도록 여러분이 밥이라고 생각하는 상대를 찾지 못하면 그 테이블에선 바로 여러분이 밥이 된다고 받아들여야 한다. 즉, 여러분이 가장 하수라는 뜻이다. 다시 말해 포커 테이블에서는 내가 상대를 밥으로 보지 못하는 순간 상대가 나를 밥으로 본다는 것이다.

포커는 실력의 차이에 의해 잔인할 만큼 정확하게 결과가 나오는 게임이다.

그래서 포커에서는 실력 차이가 큰 사람들을 함께 게임하게 하는 건 '치수 구라'라 하여, 사기도박이라고까지 표현할 정도다.

이처럼 포커게임에는 준엄하게 실력 차이가 존재하는데도 항상 패배하는 수많은 하수들이 실력 차이를 논하지 않는다. 그리고는 그저 불운만을 탓하고 있으니 너무도 안타깝다.

부디 여러분들은 고수를 만나 괴롭고 어려운 게임을 하지 말고, 하수를 만나 편안하고 쉬운 게임을 즐기는 현명한 갬블러, 즉 대한민국에서 포커게임을 가장 잘하는 사람이 되기를 바란다.

〈고수들의 특징, 하수들의 특징 참고〉

베팅편

1장

베팅의 요령

　베팅이야말로 그 사람의 포커게임 실력을 나타내주는 바로미터라 하여도 전혀 틀린 말이 아니다. 그만큼 정확한 판단력, 두둑한 배짱, 그리고 시기적절한 임기응변 등등의 여러 가지 요건을 두루 갖추어야만 얻을 수 있는 기술이기 때문이다.

　한 번의 베팅에 의해 엄청나게 큰 판을 이길 수도 있고 또는 영양가가 거의 없는 헛장사가 될 수도 있고, 한 번의 잘못된 베팅이나 콜로 인해 엄청나게 큰 피해를 입을 수도 있으며, 거의 피해가 없이 막을 수도 있다.

　베팅이란 항상 앞서서 이끈다고 해서 결코 잘하는 베팅이랄 수 없으며, 또 하염없이 기다리기만 하면서 '확실한 카드가 아니면 승부 안 한다'고 하여 반드시 이길 수 있는 것도 아니다.

　그렇기에 포커게임에서 고수가 되기 위해서는 자신이 조금이라도 유리하다고 판단될 때 모든 것을 걸고라도 승부할 수 있는 배짱과,

자신이 지고 있는 상황이라고 느껴질 때는 아무리 좋은 카드라도 포기할 줄 아는 결단력도 필요하다.

그럼 과연 그러한 '승부할 수 있는 배짱'과 '포기할 줄 아는 결단력'이란 어떤 상황에서 어떻게 발휘해야 하는 것인지를 지금부터 알아보기로 하자.

이것 역시도 어디서부터 무엇을 먼저 다루어 얘기해야 할지 모를 정도로 여러 가지 사항들이 많이 있지만, 여기서는 우선 실전 게임에 가장 많이 나오고 반드시 알아두어야 할 경우만을 예로 들어 다루어보기로 하자.

 ## 반드시 알고 있어야 할 베팅 기본 (1)

5구에서 카드를 꺾을 줄 알아야 한다

'5구에서 카드를 꺾는다'는 것은 한 마디로 그 판에 투자한 금액이 거의 없다는 뜻이다. 그러나 6구까지 받고서 그 판을 못 이기게 되면 그 피해가 전혀 신경을 안 쓸 정도가 아니다. 결국 이 말이 의미하는 것은, 패가 잘 안 들어와서 계속해서 거의 이겨보지 못하더라도 5구에서 카드를 꺾는 한 피해가 별로 없다는 뜻이 된다.

그런데 끗발이라는 것이 어느 한두 사람에게만 하루 종일 편파적으로 몰리지 않는 한 반드시 자신에게도 기회가 온다. 그렇기에 가능한 대로 피해를 최소화하며 그 때를 기다려야 한다.

그러면 한두 번의 기회가 자신에게 주어졌을 때 (그 때까지의 피해가 크지 않았다면) 바로 흑자로 돌아설 수 있다.

그런데 거의 대부분의 사람들(특히 하수일수록)이 조금만 잃게 되면 마음이 급해진다. 그렇게 되면 점차적으로 조금씩 더 무리하기 시작하고, 자신에게 끗발이 일어나는 시기가 아니라면 피해액은 점점 더 커지게 된다. 그래서 이러한 사람들은 자신에게 끗발이 일어나는 기회가 오더라도 이미 피해 본 액수가 크기 때문에 자신의 끗발이 다른 사람에게로 옮겨갈 때가 되어도 흑자로 돌아서지 못한다.

결국 이 같은 현상이 그 날 포커게임을 하는 사이에 몇 번인가 거듭해서 반복되며 승자와 패자가 결정난다. 이러한 스타일이 가장 일반적인 승자와 패자의 갈림길이다.

그렇기 때문에 희망이 별로 없다고 판단되는 상황이라면 가능한 대로 빨리(5구보다 4구에서 죽는다면 더욱 좋다) 그 판을 피해 없이 기권하는 것이 바람직하다.

그렇다면 과연 5구에서 죽어야 하는 카드는 어떤 것이며, 승부할 수 있는 카드는 어떤 것인가? 이것에 대해 가장 대표적인 케이스를 예를 들어 설명하기로 하자.

◆ 5구에서 죽어야 할 카드

① 5구에서 플러시 3장일 경우

② 5구에서 스트레이트 3장일 경우

③ 5구에서 플러시와 스트레이트가 같이 엮여 있는데, 아무튼 메이드가 되기 위해서는 2장의 카드가 더 필요한 경우

④ 10원페어보다 낮은 원페어인데, 그 숫자가 상대의 액면에 1장 정도(또는 2장) 빠져 있고, 자신의 나머지 카드 중 A, K와 같이 높은 투페어가 될만한 카드가 없을 경우

⑤ 자신이 5구에서 빵꾸 스트레이트인데, 상대 중 한 명이 같은 무늬 3장을 깔아놓고 베팅을 할 경우

①~⑤의 경우라면 일단은 무조건 죽는다고 생각해야 한다. 이 가운데 ①의 경우를 특히 명심해야 하는데(실제로 안 죽는 사람들이 가장 많은 경우이기 때문), 5구까지 플러시 3장에서 6구, 7구를 연속해서 그 모양을 떠서 플러시를 맞춘다는 것은 약 1/25의 확률이다.

그리고 그 어려운 확률을 뚫고서 메이드가 되었을 경우라도 상대가 자신보다 높은 것이 없다는 전제조건이 따라야 한다. 더욱이 만약 6구에서 자신이 원하는 무늬가 1장 더 와서 포플러시가 되었다고 하더라도, 6구에서 상대방들의 강한 베팅으로 인해 마지막 카드를 보지도 못하게 되는 경우도 심심찮게 생긴다.

그렇기에 ①의 경우에는 아예 미련을 버리고 편안한 마음으로

5구에서 카드를 꺾을 줄 알아야 한다.

하지만 ①의 경우 3장의 무늬가 거의 상대의 액면에 안 보이거나, 아니면 3장의 무늬의 탑(가장 높은 숫자)이 굉장히 좋은 경우라면 (A-K, A-Q 등과 같이) 예외적으로 한 번씩 받아볼 수도 있다는 것도 아울러 밝혀둔다. 하지만 기본적으로는 받지 않는 것이 올바른 방법이라는 사실을 꼭 명심하기 바란다.

②~⑤의 경우는 특별한 설명이 필요 없으리라 생각하고 생략하기로 한다.

5구에서 받을 수 있는 카드, 받아야 하는 카드

'5구에서 받을 수 있는 카드'는, 단 한 마디로 요약해서 설명하면, '6구에 필요한 카드가 왔을 때 그것으로서 승부가 가능하다고 생각되는 카드'이다. 얼핏 듣기에 "그걸 말이라고 하냐, 너무나 당연한 얘기다."라고 할지 모르지만, 이건 상당히 중요한 의미를 품고 있는 말이라는 것을 명심하기 바란다. 그럼 이런 카드를 케이스별로 살펴보기로 하자.

① 5구에서 빵꾸 스트레이트일 경우 (필요한 숫자가 상대의 액면에 2장 이상 빠지지 않았을 때)

② 포플러시일 때, 양방 스트레이트일 경우

③ 하이 원페어일 경우 (상대가 5구까지는 메이드가 되어 있지 않다고 보았을 때)

④ 낮은 원페어일지라도 트리플이 될 가능성이 있는 경우 (상대방의 액면에 그 숫자가 보이지 않을 때)와 A, K 등을 가지고 있어 하이 투페어가 될 가능성을 충분히 기대할 수 있을 경우 (이 경우도 ③과 마찬가지로 상대가 5구까지는 메이드가 되어 있지 않다고 보았을 때)

⑤ 위의 네 가지 경우보다 더 좋은 카드일 경우

이러한 ① ~ ⑤ 까지의 경우가 5구에서 카드를 한 장 더 받아볼 수 있는 종류의 보편적인 카드라 할 수 있다.

물론 5구부터 엄청난 레이즈가 있는 판이라면 ②를 제외하고는 일단 죽는 것이 옳다는 것도 아울러 알아두어야 한다. 그리고 경우에 따라서는 ②도 죽어야 하는 판도 있을 테고, 그 판단은 각자가 충분히 할 수 있으리라 생각한다.

어쨌든 모든 경우가 약간의 예외는 항상 있는 만큼, 이러한 기본 이론을 바탕에 두고서 순간적인 상황 변화에 따른 판단은 여러분 스스로가 내려야 한다.

4구 양방 스트레이트로는 레이즈를 해도 괜찮지만, 4구 포플러시로는 레이즈를 해서는 안된다이 말의 의미를 여러분은 잘 새겨두어야 한다. 설명을 하기 전에 우선 여러분들이 가장 보편적으로 가지고 있는 아주 잘못된 생각 한 가지를 먼저 고치도록 하자.

여러분들은 거의 대부분이(특히 하수일수록) 4구 포플러시는 무조건 메이드가 될 수 있다고 생각하면서, 4구 양방은 메이드가 될 가능성에 그리 큰 기대를 하지 않는다. 이것은 참으로 잘못된 생각이다. 알기 쉽게 두 가지의 가능성을 비교해보면 다음과 같다.

① 포플러시에서 메이드가 되기 위해 필요한 카드는 9장 중 1장이다(한 무늬가 13장인데, 자기가 포플러시가 되면서 4장을 뺐기에 남아있는 그 무늬의 숫자는 '13-4=9'가 되어 9장이 된다).

② 양방 스트레이트에서 메이드가 되기 위해 필요한 카드는 8장 중 1장이다(예를 들어 5-6-7-8로 되는 양방 스트레이트라면 메이드가 되기 위해 필요한 것은 4 또는 9이다. 4와 9는 각 4장씩이다. 그러므로 '4×2=8'이 된다).

위의 ①과 ②의 비교에서 보듯이, 여러분들이 그렇게 좋아하는 포플러시와 그다지 좋다고 느끼지 않는 양방 스트레이트가 메이드가 될 확률은 실제로 별로 차이가 나지 않는다.

◆ 4구 포플러시가 메이드가 될 확률

$(9/48)+(39/48 \times 9/47)+(39/48 \times 38/47 \times 9/46) \fallingdotseq 47/100$

◆ 4구 양방 스트레이트가 메이드가 될 확률

$(8/48)+(40/48\times8/47)+(40/48\times39/47\times8/46) \fallingdotseq 43/100$

그러나 누가 뭐라 하든 포플러시가 양방 스트레이트보다 가능성
이 조금이라도 많은 것은 사실이고, 또 같이 메이드가 되었을 경우
에도 플러시가 스트레이트보다 높은 끗발이라는 것은 누구든 알고
있는 사실이다. 그렇다면 '4구 양방 스트레이트에서는 레이즈를 해
도 괜찮지만, 4구 포플러시에서는 레이즈를 해서는 안된다'고 하는
것은 무슨 의미인가? 이것은 여러분들이 세븐오디 게임을 하는 한
항상 기억해두어야 할 아주 중요한 문제이다. 그러면 지금부터 그
이유를 살펴보기로 하자.

　4구 포플러시를 가지고 4구에 레이즈를 한다는 것은 아주 잘못된
생각이다. 4구에 포플러시가 되었다는 것은 자신의 액면에 같은 무
늬가 2장이 깔려 있다는 얘기이다. 그리고 자신의 카드는 포플러시
이다. 이런 경우에 레이즈를 하면 일단 상대방 모두가 레이즈를 한
사람의 카드를 주목하게 된다. 상대방 모두가 자신에게 경계심을 가
지고 게임을 하는 상황이 되며, 이 때 상대방들은 여러분의 카드를
포플러시로 판단할 가능성이 상당히 높다.
　액면에 같은 무늬 2장을 깔아놓고 레이즈를 할 경우, 대부분 일단
은 습관적으로 "아, 저거 포플러시구나." 하고 읽어버린다는 이야기

이다(물론 고수들의 판이라면 "저건 죽어도 포플러시는 아니야."라고 읽는 수가 훨씬 더 많겠지만, 그 이야기는 뒤에서 다시 다루기로 하겠다).

그렇다면 상대방이 자신의 카드를 포플러시로 읽고 있고 실제로도 자신의 카드는 상대가 읽은 대로 포플러시가 맞다면, 이건 이미 지고 있는 거나 마찬가지 상황이다.

왜냐하면 자신은 5구 또는 6구에서 플러시가 메이드되어도 불만이요, 안 되어도 불만이기 때문이다. 5구 또는 6구에 그 무늬의 카드가 한 장 더 떨어져서 플러시 메이드가 된다면 물론 바람직한 현상이다. 하지만 상대측에서 당신의 카드를 보며(당신의 카드를 이미 포플러시로 보았기 때문에) 속으로 "제발 같은 무늬만 더 떨어지지 마라…." 하고 빌고 있는 상황인데 같은 무늬가 액면으로 또 떨어진다는 것은 이미 큰 장사를 기대하기가 어렵다. 결국 장사가 안 된다는 말이다. 이것은 상당히 중요한 의미가 있다.

혹자는 "①포플러시에서 레이즈를 친 후에 그 무늬 1장이 액면으로 와서 메이드가 되는 것과 ②포플러시에서 콜만 하고 가다가 그 무늬가 1장이 더 와서 메이드가 된 후에 레이즈를 하는 것, 양쪽 모두 어차피 액면에 같은 무늬가 3장이기는 마찬가지인데 뭐가 그리 큰 차이가 난단 말인가?"라고 반문할지도 모르겠지만, 이 두 가지 경우의 차이는 실제로 엄청나다.

①의 경우는 상대 모두가 이미 당신의 카드를 포플러시로 보고 있는 상태에서 그 무늬가 1장이 더 떨어진 것이기에 모두가 일단 플러시의 가능성을 상당히 높게 생각한다. 하지만 ②의 경우는 액면에 같은 무늬가 3장이 떨어진 후에 레이즈를 한 것이기 때문에 대부분 플러시로 인정하는 데 인색하며, 오히려 공갈로도 생각하는 경우가 종종 발생한다.

◆ 4구 포플러시로 레이즈를 하면 안되는 가장 큰 이유는

- 5구 또는 6구에 메이드가 되면 큰 장사를 기대하기 어렵고,

- 그와 반대로 6구까지 메이드가 안되면, 이제는 4구에서 레이즈로 판을 키워놓았기 때문에 오히려 본인의 부담이 커진다. 마지막 히든카드에 플러시를 메이드 시키려고 시도하는 데 그만큼 더 큰 부담이 따르게 된다는 뜻이다.

- 바로 다음의 '포플러시 또는 양방 스트레이트로는 6구에서는 절대로 레이즈를 해서는 안된다'. [155쪽 참고]

그렇다면 이와 같이 백해무익한 레이즈를 할 필요가 없다는 것은 너무도 당연하다.

하지만 4구 양방 스트레이트는 4구 포플러시와는 상황이 많이 달라진다. 우선 4구 양방 스트레이트는 5구 또는 6구에 메이드가 되어도 거의 읽히지 않는다는 점이다. 실제 4구에서 양방 스트레이트를

가지고(액면이 어떻게 되든 거의 상관 없다) 레이즈를 했을 때 상대 중에 "아, 저건 양방 스트레이트구나."라고 읽는 사람은 거의 없다고 보아도 과언이 아니다.

따라서 실제로 5구, 6구에 자신이 바라던 대로 스트레이트 메이드가 되어도 자신의 장사에 거의 영향을 주지 않는다.

그렇기 때문에 '4구 양방 스트레이트에서는 레이즈를 해도 괜찮지만, 4구 포플러시에서는 레이즈를 하지 말라'는 것이다(4구 양방으로 레이즈를 하는 것의 장단점에 대해서는 뒤에서 다시 설명하도록 하겠다). 실제로 게임을 하다 보면, 4구에 액면에 같은 무늬 2장을 깔아놓고 레이즈를 하는 경우는 상당히 자주 볼 수 있는 현상이다.

이러한 때는 거의 대부분의 경우가 포플러시가 아니고, 손안에 '하이 원페어를 가지고 있다' 또는 '투페어가 되어 있다', '양방 스트레이트다'라는 식으로 생각하는 쪽이 조금이라도 더 정확한 판단이다 (물론 경우에 따라 포플러시가 나올 수도 있겠지만, 4구에 같은 무늬 2장을 깔아놓고 레이즈를 하는 사람은 아주 초보자가 아니라면, 지금 설명하는 이론을 역이용하는 아주 고수임에 틀림없다고 생각해도 무방하다).

이제 왜 '4구 양방에서는 레이즈를 해도 괜찮지만, 4구 포플러시에서는 레이즈를 해서는 안된다'고 하는지, 또 그렇다면 4구에 같은 무늬 2장을 깔아놓고서 레이즈를 하는 카드는 어떤 것인지 어느 정도는 이해가 되었으리라 생각한다.

포플러시 또는 양방 스트레이트로는
6구에서 절대로 레이즈를 해서는 안된다

이것 또한 너무도 중요한, 절대로 잊어서는 안 되는 이론 중 하나이다. 포플러시 또는 양방 스트레이트라는 카드는 아직까지 그 상태로서는 메이드가 될 수 있는 가능성만 가지고 있는 것이기에, 마지막에 메이드가 되지 않는다면 도저히 이길 수가 없다.

투페어 또는 트리플처럼 풀하우스를 못 떠도 어느 정도 이상의 위력을 이미 가지고 있는 것과는 완전히 다른 카드이다.

즉, 포플러시 또는 양방 스트레이트라는 카드는 '뜨면 1등, 못 뜨면 꼴등'이 되며, 바꾸어 얘기해서 상대방이 1명이든, 2명이든, 3명이든, 뜨면 이길 확률이 상당히 높지만 못 뜨면 무조건 진다는 이야기가 된다(못 뜨고서 공갈을 치는 경우는 예외).

그렇다면 어차피 뜨면 이기고 못 뜨면 지는 건데, 6구에서 레이즈를 쳐서 다 죽이고 자신을 제외하고는 1명만이 남아 1:1의 상황을 만들어보았자 '뜨면 이기고 못 뜨면 지는 것'에는 변함이 없다(물론 6구에 레이즈를 하여 나머지 사람을 모두 기권시키고 자신이 6구에서 그냥 이길 수 있는 경우라면 다르다).

상대가 1명이든, 2~3명이든, 자신이 이기기 위해서는 메이드를 시켜야 하고 메이드를 시키지 못하면 어차피 1명에게도 이기기 힘든 상황이라면, 모두를 데리고 가서 7구를 기대해보고 못 뜨면 기권해버리는 것이 효율적이지 않겠는가?

참고로, 1 : 1의 대결에서 만약에 6구까지,

① 오직 K 원페어

② 포플러시

라고 가정한다면, 이러한 상황의 ①과 ②의 대결은 포플러시에서 플러시를 마지막에 메이드시킬 확률이 약 1/5이므로 확률상 5판 중 4판은 ①이 이긴다(①과 ②의 카드에 대한 비교는 『운영편』의 '게임에서 이기는 법'에서 자세히 다루기로 하자).

그렇다면 왜 6구에서 포플러시 또는 양방 스트레이트로서 레이즈를 해서는 안 되는지 이해할 수 있을 것이다.

 최고의 카드는 A투페어

'최고의 카드는 A투페어' 이 말이 의미하고 시사하는 바는 상당히 많다. 누군가가 "말도 안되는 소리, A투페어보다는 2트리플이 훨씬 좋은 카드…."라고 한다면 굳이 그 말에 반박하고 싶은 생각은 없고, 실제로도 맞는 말이다. 트리플이 분명히 투페어보다 높은 카드이고, 더 많은 가능성을 가지고 있다는 것은 틀림없는 사실이다.

하지만 좀 더 넓은 의미에서 생각해볼 때 A투페어의 참다운 가치는 무궁무진하다는 것이 여러 곳에서 나타난다. 그렇기에 우리는 이 A투페어라는 카드를 확실히 이해하고 또 잘 이용해야 한다.

트리플이 좋고, 풀하우스가 좋은 걸 누가 모르겠는가?

하지만 아무리 좋은 카드라도 들어오는 횟수가 적다면 그 이용가치도 그만큼 줄어든다. 포카드, 스트레이트 플러시가 좋지 않아서 그것에 대한 언급을 안 하는 것이 아니다. 단지 잘 들어오지 않기 때문에, 아니 거의 들어오지 않기에 특별히 다루고 언급해야 할 필요성을 느끼지 않을 뿐이다.

이러한 측면에서 생각할 때, 포커게임을 하며 가장 부담 없이 가장 자연스럽게 그리고 또 상당히 자주 손에 잡는 카드가 바로 A투페어 (이하 하이 투페어 포함)라고 할 수 있다. 이런 점을 생각하면서 그 효용가치나 가능성 등등을 종합해본다면 '최고의 카드는 A투페어'라는 말에 누구든 크게 부정하지 않으리라 생각한다.

그러면 지금부터 A투페어가 과연 왜 그렇게 좋은 카드인지, 그리고 그 A투페어가 들어오면 어떻게 운영해야 하는지를 알아보기로 하자.

◆ A투페어의 특징

① 수시로 들어오는 카드

② 어느 카드에게라도 이길 수 있는 가능성을 가진 카드

③ 웬만하면 레이즈를 할 수 있는 카드

④ 6구에서 상대가 아주 강하게 나오면 죽을 수 있는 카드

등으로 간단하게 요약할 수 있다.

①은 따로 설명할 필요가 없으리라 느껴진다.

②는 6구까지 A투페어라면, 마지막에 A를 뜬다면 어떤 카드도 이길 수 있는 가능성이 있다는 뜻이다. 또한 우리가 한 가지 짚고 넘어가야 할 부분은, 상대가 5풀하우스라고 가정한다면 A-6 정도의 투페어는 2, 3, 4 등의 낮은 숫자의 트리플보다 훨씬 더 좋은 카드라는 사실이다.

③은 5구 또는 6구에서 자신이 A투페어라면(액면에 A원페어를 깔아놓지 않은 상태에서), 상대의 액면이 '메이드성(거의 메이드에 가까운 모양)'이나 '액면 트리플'이 아닌 이상 언제든지 레이즈를 할 수 있는 찬스이며 또 해야 한다는 뜻으로 이해하면 된다.

하지만 반대로 자신은 6구에 A투페어가 되어 있는 상태에서(물론 액면에 A페어가 깔려 있지 않고서) 앞집에서부터 베팅이 시작되어 나오

고 있다. 자신의 순서가 되면 레이즈를 하려고 마음먹고 있는 데, 느닷없이 자신의 바로 앞에서 레이즈를 하는 것이다.

앞집들이 콜을 하고 왔을 때는, 레이즈를 할 수 있는 카드라도 자기 앞에서 먼저 레이즈를 한 사람이 있다면 그 순간의 상황에 따라 카드를 꺾을 수도 있으며 콜을 할 수도 있다(아주 특별한 경우에는 2단 레이즈를 할 수도 있겠지만 그 부분에 대한 설명은 생략하겠다).

그러면 어떤 경우에 카드를 꺾어야 하는지, 콜을 하고 승부할 수 있는지, 이제 〈CASE 1〉, 〈CASE 2〉를 보며 알아보기로 하자.

그림에서 ⓐ가 액면에 3원페어를 깔아놓고 보스이다. 베팅을 하고 나왔다. ⓑ에서 콜을 했다. 이제 ⓒ가 콜을 하든 죽든 ⓓ(본인)는 무조건 '레이즈 찬스'라며 속으로 다짐하고 있던 중, 갑자기 ⓒ에서 레이즈가 날아왔다. 이럴 때는 과연 어떻게 해야 할까?

그럼 이제부터 〈CASE 1〉의 카드들을 읽어보고 꺾어야 할지, 콜을 해야 할지를 공부해보기로 하자.

우선 ⓐ가 베팅을 하고 나왔다는 것은, 누구든 일단 ⓐ의 카드를 Q-3투페어 또는 3트리플 정도로 생각할 상황이다(일단 공갈이 아니라는 전제하에). 그런데 액면에 3이 한 장이 빠져 있으니 3트리플보다는 Q투페어로 생각하기가 쉬운 상태이다.

ⓑ는 콜을 했으니, 뒷사람들을 달고 가는 것이 아니라면 일단은 노 메이드 상태의 비전 카드로 보기로 하자.

CASE 1 │ 5포의 상황(1명은 5구에서 기권)

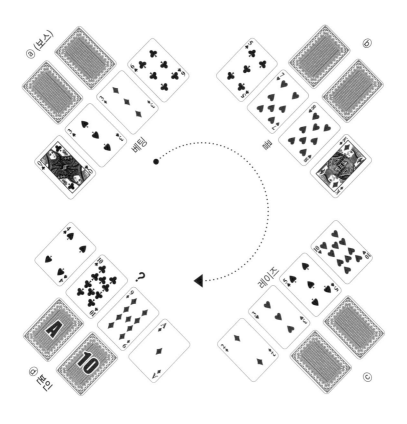

■ 베팅순서 : ⓐ(보스카드) ⋯ ⓑ ⋯ ⓒ ⋯ ⓓ(본인)

■ 베팅상황 : ⓐ(베팅) ⋯ ⓑ(콜) ⋯ ⓒ(레이즈) ⋯ ⓓ(?)

문제는 레이즈를 한 ⓒ의 카드인데, ⓒ 역시도 ⓐ의 카드가 Q-3 투페어 정도라는 것을 예상할 수 있다고 본다면, ⓒ의 카드는(공갈이 아니라는 전제하에) Q-3투페어에게 현재 이기고 있는 카드라고 보아야 한다.

그런데 ⓒ의 액면상 Q투페어를 이길 수 있는 카드는 (현재로서는) 트리플 또는 스트레이트 메이드밖에는 없다. 그렇다면 ⓒ의 카드는 트리플 또는 스트레이트 메이드일 수밖에 없다는 결론이 나온다.

이렇게 되면, 이제 ⓓ는 6구에 콜을 하면 마지막에 풀하우스를 떠야 이기고, 못 뜨면 진다는 결론이 나온다.

이와 같이 해서 결국 ⓓ는

① 히든카드에 풀하우스를 뜰 자신이 있거나

② 히든카드에 풀하우스를 못 떠도 ⓒ의 카드를 공갈로 보고서 마지막 7구의 베팅까지도 받아볼 자신이 있지 않다면,

6구에 카드를 꺾어야 한다는 결론이 나온다. 이와 같은 상황에서 이기기 위한 방법은 ①와 ②인데, ①는 확률이 너무 희박하며, ②는 위험부담이 너무 크다.

그렇다고 해서 6구에 콜을 하고 일단 풀하우스를 시도해본 후 "7구에 ⓒ에서 베팅을 안할 수도 있지 않느냐?"라고 반문할지도 모르지만, ⓒ가 최소한의 실력만 가지고 있는 사람이라 하더라도 만약에 공갈이라면 끝까지 베팅을 할 것이고, 그렇지 않고 베팅을 하

지 않는다면 ⓒ의 카드는 분명히 트리플 아니면 스트레이트 메이드
가 90%이상 틀림없다.

그렇기에 이럴 때는 과감하게 6구에서 카드를 꺾을 줄 알아야 한
다. 이 때 가장 못하는 사람(가장 하수)이 선택하는 방법이 바로, 6구
에 콜을 한 후 7구에 풀하우스를 못 뜨면 마지막 베팅에 힘없이 죽
는 사람들이다. 이러한 사람들이 가장 쉽게 돈을 잃어주는 포커판
의 천사들이다.

마지막 베팅을 받지 못한다는 것은 ⓒ를 A투페어보다 높게 인정
한다는 것인데, 그렇다면 6구에 콜을 한 것은 오직 풀하우스를 만들
겠다는 일념이라고 할 수 있다. 그런데 투페어에서 풀하우스를 뜨는
것이 얼마나 어려운 지는 뒤에서 상세히 설명을 하겠다.

그렇다고 해서 6구에 콜을 하고 7구에 풀하우스를 못 뜨고 나서,
마지막 베팅을 콜을 하고 확인하라는 얘기가 결코 아니다. 6구에 이
미 본인이 지고 있다고 생각하면 6구에서 죽는 것이 정상이고, 6구
에서 여러 가지 상황으로 미루어보아 "무조건 ⓒ의 카드는 별거 없
어."라고 판단된다면 그 때부터 마음을 굳게 다지고서 "풀하우스를
못 떠도 끝까지 확인한다."라는 식의 운영을 하라는 것이다. 물론 이
러한 운영은 많은 위험 부담이 있다.

하지만 가끔은 필요할 때도 있으며 이러한 결정을 할 때는 반드시

ⓒ의 성격, 평소의 게임하는 스타일, 공감을 자주 하는 편인가? 등등의 여러 가지 면을 종합해서 결단을 내리는 것이 바람직하다. 하지만 분명히 정석은 '6구에서 죽는 것'이라는 것을 명심하기 바란다.

그럼 이번에는 〈CASE 2〉의 경우를 보기로 하자.

ⓓ(본인)의 카드도 〈CASE 1〉과 같고 모든 상황이 〈CASE 1〉과 흡사하지만, 결과는 아주 다르다. 〈CASE 2〉와 〈CASE 1〉은 비슷하지만, 결정적으로 다른 것이 바로 ⓒ카드의 액면이다. ⓒ의 액면을 보면 8원페어에 K와 3이 한 장씩 깔려 있다.

ⓐ의 카드를 일단 J투페어로 보아준다고 할 때, ⓒ의 카드가 ⓐ의 카드를 이기려면 K투페어 또는 8트리플이 가장 많은 경우이며, 그 중에서도 K투페어가 있을 확률이 조금이라도 더 높다.

이 경우에 물론 ⓐ나 ⓒ의 카드가 이미 풀하우스가 메이드되어 있을 가능성도 전혀 배제할 수는 없지만, 거기까지 생각한다면 한이 없는 이야기가 되기 때문에 그 경우의 상황은 어느 정도 무시하고서 별도로 추가설명은 생략키로 한다.

ⓒ의 카드를 K투페어 또는 8트리플 중의 하나라고 생각한다면, 여기서는 콜을 하고 승부를 해야 한다.

CASE 2

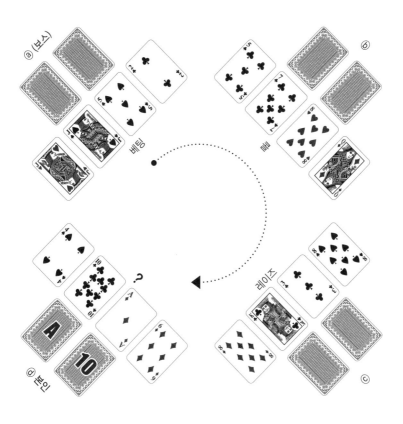

- 베팅순서 : ⓐ(보스카드) ⋯⋯ ⓑ ⋯⋯ ⓒ ⋯⋯ ⓓ(본인)
- 베팅상황 : ⓐ(베팅) ⋯⋯ ⓑ(콜) ⋯⋯ ⓒ(레이즈) ⋯⋯ ⓓ(?)

이것은 자신이 풀하우스를 못 뜬다는 가정하에 'A투페어로서 승부할 수 있는 상황'이라고 판단하여 콜을 하고 승부하는 것이며, 혹시라도 풀하우스를 뜰 수만 있다면 그것은 하느님이 내려주신 복이라고 생각해야 한다.

지금의 이 이론은 매우 중요하므로 〈CASE 1〉과 〈CASE 2〉의 차이점이 무엇인지를 반드시 정확히 이해하여 여러분들의 것으로 만들기 바란다.

공통적으로 하수의 가장 큰 특징은, 초반에 끗발이 올라서 돈이 좀 들어오더라도 조금만 끗발이 붙지 않으면 금방 그 돈이 없어진다는 점이다.

그와 반대로 고수들일수록 한번 들어와서 자기 앞에 돈을 쌓아놓기 시작하면 웬만해서는 그 돈이 잘 빠져나가지 않는다. 고수들일수록 (특히 따고 있는 경우에는 더욱더)가능성이 적은 무리한 승부는 피하고, 조금이라도 더 유리한 상황이라고 판단될 때 승부를 걸기 때문이다.

④는 ③의 설명과 일치하는 부분이 많으므로 따로 설명할 필요가 없으리라 느껴지며, 이 경우에는 히든에 풀하우스를 못 뜨고도 승부할 수 있는 상황인지 아닌지를 정확히 판단할 수 있는 능력이 아울러 필요하다.

투페어에서 풀하우스를 뜨려는
생각을 버려라

이것은 바로 앞에서 다룬 것과 기본적으로는 같은 맥락의 이야기이기도 하다.

그런데 여기서 우리가 한 가지 더 알고 넘어가야 할 부분은, 바로 앞의 〈CASE 1〉과 〈CASE 2〉에서 설명했던 것은 상대가 베팅을 하고 나왔을 때 또 다른 사람이 레이즈를 했고, 그 때 본인이 A투페어(또는 그와 비슷한 카드)를 가지고 있을 때의 상황이다.

하지만 지금의 경우는 '내가 A투페어를 잡고서 베팅하고 나갔는데 레이즈를 맞았을 경우'이다. 따라서 지금의 상황은 바로 앞에서 설명했던 부분과는 많은 차이가 있다.

포커게임은 '누가, 어떤 상황에서, 어떻게 베팅을 했는가?'라는 부분이 큰 의미를 가진다는 점을 생각할 때, 가장 주목을 받는 사람은 베팅이나 레이즈를 하는 사람이다. 그 이외에는 특별히 좋은 액면을 갖고 있지 않는 한 우선은 경계대상에서 제외된다.

그렇다면 좀 전의 〈CASE 1〉, 〈CASE 2〉와 같은 경우는 일단 ⓐ의 카드를 상대로 보고서 ⓒ의 카드가 레이즈를 한 것이기에, ⓓ의 카드를 'A투페어일 것이다'라고 생각하며 레이즈를 칠 사람은 아마 단

한 명도 없다고 해도 무방하다.

　그렇기 때문에 〈CASE 2〉와 같은 경우에 K투페어 또는 Q투페어 등과 같은 카드로 레이즈를 할 수 있다. 그런데 이제 다루어야 할 부분은, 내가 6구까지 A투페어(또는 K투페어)이고, 내가 먼저 베팅을 하고 나갔는데 레이즈를 맞았을 경우이다.

　이때는 가장 중요한 점은 상대가 과연 나의 카드를 정확히 읽고 레이즈를 한 것인가, 아니면 잘 모르고서 레이즈를 한 것인가를 정확히 판단해야 하는 부분이다.

　그럼 그 판단은 어떻게 해야 하는가? 다음 오른쪽 그림을 보면 금방 이해될 수 있으리라 생각한다(모두 A투페어의 카드).

CASE 1, CASE 4

　특히 〈CASE 4〉는 일단 상대가 나의 카드를 A투페어라고 충분히 예상할 수 있는 상황이다.

　이럴 때는 6구에 베팅을 하고 나갔다가 상대에게 레이즈를 맞는다면 일단은 승부를 피하는 것이 좋다(상대가 공갈이 아니라고 생각했을 때). 6구에서 레이즈를 맞았을 때, 상대가 나의 카드를 정확히 인정해주고 레이즈를 하는 상황인만큼 6구에서 카드를 꺾어야 한다는 것이다(단, 배당이 아주 좋은 상황이라면 예외).

CASE 1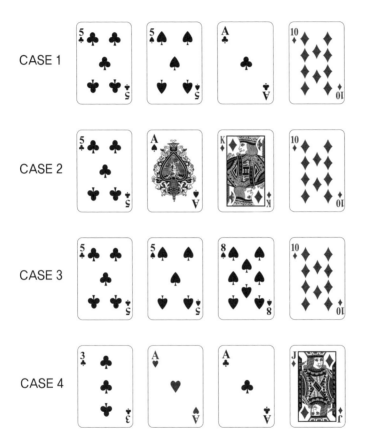

CASE 2

CASE 3

CASE 4

159

CASE 2, CASE 3

그러나 〈CASE 2〉와 〈CASE 3〉의 경우는 문제가 상당히 다르다. 이것은 6구에 내가 베팅을 하고 나가서 상대에게 레이즈를 맞았다 하더라도, 상대가 나의 카드를 A투페어로 보기는 거의 불가능한 상태이다. 나를 '적당한 투페어 또는 대충 그렇고 그런 카드'로 보기가 훨씬 쉬운 상황이다. 그렇다면 이때는 일단 나머지 사람들의 패와 레이즈를 한 사람의 패를 신중히 검토해야 한다.

그 가운데서도 특히 레이즈를 한 사람의 카드가 과연(일단 공갈이 아니라고 생각하고) A투페어보다는 약하지만 '높은 투페어'가 될 가능성이 있는지를 가장 먼저 살펴야 한다.

그러니까 레이즈를 한 사람의 액면에 페어 또는 K, Q, J 등과 같이 높은 투페어가 될 가능성이 많은 숫자가 있는지, 있다면 또 그 숫자가 다른 사람의 액면에 많이 빠져 있지는 않은지 등등의 점을 우선 관찰해야 한다. 그리고 그 사람의 카드가 하이 투페어가 충분히 나올 수 있는 상황이라 판단되면 이와 같은 상황에서는 일단 승부를 해야 한다(콜을 하라는 뜻이다).

그러나 레이즈를 한 상대방의 액면에 페어나 높은 숫자의 카드가 없다면, 일단 그 카드는 투페어 쪽의 카드가 아니라 트리플이나 메이드 쪽의 카드라고 생각해야 한다.

이런 경우에는 앞서 얘기했던 점을 모두 상기하여 실제로 상대의 카드가 공갈이 아닌 트리플 또는 메이드라 판단되면, 배당이 아주 좋은 경우를 제외하고는 아쉽지만 카드를 꺾어야 한다.

이 때 만약 상대를 '액면은 괜찮지만, 메이드가 되지 않은 공갈'이라고 나름대로 판단한다면, 6구에 콜을 하고 7구에 풀하우스를 못 떠도 마지막까지 콜을 하고 승부를 할 수도 있다. 때로는 이러한 운영도 필요하지만, 일단은 위험이 크기에 잘 판단해서 결정해야 한다.

그런데 한 가지 여기서 가장 중요한 점은, 6구에서 레이즈를 맞고 콜을 한 후 7구에 풀하우스를 못 뜨면 마지막 베팅에 아무 생각 없이 카드를 꺾는, 단순히 '풀하우스를 뜨기 위해서' 6구에 콜을 하는 게임 운영만은 절대로 하지 말라는 것이다(반복되는 얘기지만, 배당이 아주 좋은 경우라면 예외). 물론 포커게임이라는 것이 원래부터 절대라는 말이 없고, 또

"왠지 이번에는 느낌이 좋아서 뜰 것 같아."
"무조건 올라올 것 같아."
"'숫자(또는 무늬)'가 너무 안 빠져서."

등등 기분이 내키는 상황이라면 얼마든지 투페어에서 풀하우스를, 또는 그와 비슷하게 어려운 확률의 카드를 시도해볼 수도 있다.

하지만 언제든지 기본적으로는 죽는 것이 정상이라는 마음가짐을 가지고 있어야 한다.

앞에서 설명을 했듯이 A투페어가 이러한 상황이라면, 그 이하의 나머지 투페어는 6구에서 베팅을 하고 나갔다가 레이즈를 맞았을 때 어떤 결정을 해야 할지는 더욱 쉽게 알 수 있으리라 생각하고 설명을 생략한다.

아울러 한 가지 더 이야기하고 싶은 것은, 투페어라는 카드는 그 자체가 좋은 카드이지, 절대로 풀하우스를 뜨기 위한 카드가 아니라고 생각하는 것이 바람직하며, 그러다가 간혹 풀하우스를 뜨게 된다면 그것은 하룻밤에 기껏해야 2, 3번 찾아오는 행운이라고 생각할 줄 아는 마음가짐이 필요하다. 이 내용은 중요한 부분이기에 2권『운영편』의 '게임에서 이기는 법'에서 다시 한 번 상세히 다루도록 하겠다.

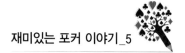

재미있는 포커 이야기_5

지상 최고의 승부사

하루 24시간 언제 어느 곳을 가든 최고의 시설과 최고의 서비스가 기다리고 있는 곳, 바로 사막 위의 불야성 라스베이거스다.

최근에는 갬블 목적이 아닌 비즈니스로 라스베이거스를 방문하는 사람이 많다. 그런데 비즈니스를 목적으로 방문한 대부분의 사람이 라스베이거스에 처음 발을 딛는 순간, 자신도 모르게 라스베이거스의 화려함과 아름다움에 도취되고 만다. 심지어 40~50대 장년 남성들도 마치 초등학생이 소풍 온 듯한 그런 흥분과 설레임을 느낄 정도다.

특히 카지노에 들어서면 휘황찬란한 실내조명과 장식, 슬롯머신의 기계음, 사람들의 환호소리, 거기에 8등신 최고 미녀들의 서비스까지 너무나 쉽게 그 분위기에 빠져든다.

카지노의 분위기에 빠지면 자신을 통제할 능력을 잃고 어느새 갬블에 도취될 가능성이 높아진다. 스스로를 다스리지 못하고 무작정 갬블에 젖어들면 큰 낭패를 당하는 경우도 비일비재하다. 그래서 카지노에 들어서는 순간부터는 철저한 자기관리가 필요하다.

그러면 카지노 게임을 즐길 때 반드시 유의해야할 사항으로는 어떤 것이 있는지 알아보자.

첫째, 그날그날 게임할 금액을 정해 놓을 것. 잃은 것을 찾으려는 욕심 때문에 나오는 무리한 플레이는 절대 금물이다. 라스베이거스를 처음 온 사람일수록 자신이 가지고 있던 돈을 첫날이나 그 다음 날 모두 잃고 허탈해하는 경우가 많다.

둘째, 따고 있을 때는 상한선을 정해놓고 게임에 임할 것. 본인이 생각했던 금액까지 따면 미련 없이 자리에서 일어서라. 게임이 잘 풀린다고 해서 하염없이 욕심을 부리면 결국 올인을 당하고서야 일어나게 된다. 아무리 게임이 잘 돼도 플레이어가 카지노를 올인시킬 수는 없다. 끝까지 가면 결론은 한가지뿐, 플레이어의 올인이다.

그래서 카지노에서 칩을 따는 것도 어렵지만, 더 어려운 것은 따놓은 칩을 현금으로 바꾸는 일이다. 보통 라스베이거스 전문 갬블러들은 자신이 갖고 간 금액의 30% 정도만 따면 미련없이 자리에서 일어선다.

셋째, 가능하면 친구나 친지 등 일행과 같은 테이블에서 게임하지 말 것. 게임을 하다보면 누구에게나 이기는 시점이 한두 번 이상 온다. 그런데 이 때 같은 테이블이나 가까운 곳에서 일행이 함께 플레이하고 있고, 그 일행의 성적이 좋지 않으면 혼자 일어나기가 어렵다. 옆에서 잃고 있는데 자신만 일어서려니 망설여지는 것이다.

물론 두 사람이 동시에 따고 있다면 신경 쓰지 않아도 될 부분이지만 그것은 쉽지 않은 일이다. 그래서 자신은 일어서고 싶은데 차마 일어서지 못하고 결국 함께 계속해서 게임을 하게 되면 페이스가 흐트러져 둘이 같이 잃고서야 결국 일어서게 된다.

마지막으로 가장 중요한 사실은 어떤 게임에서든 플레이어보다 카지노 측의 승률이 높다는 점이다. 그래서 '현존하는 지상 최고의 승부사는 카지노'라고 한다.

처음부터 지나친 욕심을 부리지 말고, 돈을 따려 하기보다는 적은 비용으로 즐기려는 마음가짐이 중요하다. 그러다보면 따는 경우도 발생하고 이것이 피해를 최소화할 수 있는 방법임을 명심해야 한다.

반드시 알고 있어야 할 베팅 기본 (2)

4구에서 레이즈를 하는 카드는 하이 원페어, 양방 스트레이트의 둘 중 하나인 경우가 80% 이상이다

이 중에서도 특히 하이 원페어의 경우는 카드를 웬만큼 해본, 어느 정도 이상의 실력을 가진 사람들일수록 더 자신 있게 자주 이용하는 아주 대표적인 방법 가운데 한 가지라는 것을 명심하기 바란다. 그럼 그 이유를 알아보기로 하자.

하이 원페어의 경우는 아주 상용적인 방법이며, 그 효과 또한 상당히 커서 반드시 익혀둘 만한 가치가 있는 A급 베팅기술이라 할 수 있다.

여러 가지 상황이 있지만 가장 대표적인 케이스는 다음과 같다.

① 자신의 액면에 같은 무늬 2장을 깔아놓고서 하이 원페어를 손안에 들고 있을 경우
② 5, 6 또는 8, 9 등과 같이 나란히 2장의 숫자가 붙어 있을 경우

이 이외의 경우는 거의 모든 경우가 비슷하기에 따로 설명할 필요는 없다고 생각한다. 우선 ①의 경우가 가장 많이 쓰이는 방법이다. 누가 보더라도 "아, 저거 포플러시구나."라고 생각하기 쉬운 상황이 되어버린다. 그러나 이 책을 처음부터 읽어온 여러분들이

라면 이제는 "저건 포플러시일 가능성은 거의 없어."라고 생각할 수 있으리라(물론 이 경우에도 아주 간혹은 포플러시가 나오는 수도 있겠지만, 포플러시일 가능성은 절대로 많지 않다고 확신을 가져도 좋다).

그렇기에 이때는 상대의 카드를 "아, 저거 하이 원페어구나."라고 생각해도 좋다는 이야기며, 무늬에도 조금은 신경을 써야겠지만 그런 카드에 높은 숫자의 카드가 5구, 6구에서 떨어지거나 액면으로 페어가 떨어지는 것에 더 신경을 써야 한다. 혹자는 "그럼 4구째 레이즈가 나왔을 때 트리플이 되어 있을 경우는 어떻게 되는 것이냐?"고 반문할지도 모르겠다. 하지만 4구째에 레이즈가 나오는 상황이라면(이것도 역시 그 사람이 아주 하수가 아닐 때) 일단은 트리플의 가능성은 그리 높지 않은 것이 대부분이다. 왜냐하면 4구에 이미 트리플이 되었다는 것은 실로 하룻밤에 몇 번 오지 않는 절호의 기회인데, 이 절호의 기회에 성급하게 4구에 레이즈를 하여 손님을 다 쫓아버리려고 하는 사람은 별로 없기 때문이다.

이런 카드는 5구 또는 6구에서 레이즈를 하는 것이 포커게임을 하는 모든 사람들의 공통된 생각이기도 하다(물론 상황에 따라 트리플로 4구에 레이즈를 하는 경우도 얼마든지 있는 것은 사실이다).

그렇기 때문에 또 한 가지 여기서 우리가 알 수 있는 것은, 4구에 레이즈를 하여 판을 긴장시키는 것은 '여러 명이 모두 살아서 경쟁을 할 경우'보다 '판을 키워서 1명 내지는 2명을 상대로 승부하는 것'

이 그 사람에게 더 유리하고 가능성이 많다고 생각되는 상황이라고 볼 수 있다.

그렇다면 그 카드는 무엇인가? 만약에 포플러시라면 앞에서 설명했듯이 아주 잘못된 레이즈이고, 트리플일 가능성도 적다는 것은 금방 설명하였다. 바로 하이 원페어 또는 투페어라는 결론이 자연스럽게 나온다.

②의 경우는 ①의 경우와 모든 것이 다 같은 상황에서, 단지 ①은 포플러시로 보이고 ②는 스트레이트를 노리는 패로 보일 수 있다는 차이 외에는 아무것도 없다고 생각해도 무방하다.

양방 스트레이트의 경우는 어차피 자신의 카드는 거의 노출되지 않는 상황이기에 판을 키우고 싶거나 긴박한 승부를 만들고 싶을 경우에 자주 사용된다.

하지만 이 경우에는 5구, 6구로 가면서 메이드가 되지 않는 한 계속되는 무리한 베팅은 많은 위험부담이 따르므로 자제해야 한다.

'5구, 6구에 메이드가 되지 않으면 처음에 자신이 판을 크게 키워놓았기 때문에 뒤로 갈수록 자신에게 부담이 점점 더 커진다'

이 부분이 양방 스트레이트로 4구에 레이즈를 하는 운영의 약점이라 하겠다. 반면에 하이 원페어를 가지고서 4구에 레이즈를 하는 것은, 상대방의 액면에 떨어지는 카드의 상황에 따라 하이 원페어 그 자체로도 충분히 승부할 수 있는 경우가 생각보다 많다.

따라서 이때는 자신에게 5구, 6구에 투페어 또는 그 이상의 카드
가 전혀 오지 않더라도 상대방의 액면을 참고하여 5구, 6구에도 강
하게 베팅을 하여 밀고 나갈 수도 있다.

이 내용은 2권『운영편』의 '게임에서 이기는 법'에서 좀 더 상세
히 다루도록 하자.

히든에서도 베팅을 해야 한다

하수들의 가장 큰 특징 가운데 한 가지 빼놓을 수 없는 것이 바로,
마지막 히든카드에 가서의 뻥 또는 체크이다. 즉 상대방으로 하여금
히든카드에 가서는 별 부담을 느끼지 않고 카드를 확인해볼 수 있
게 해준다는 것이다.

히든카드에서 마지막 한 번의 베팅(하프 베팅의 룰에서는 6구까지 해
왔던 베팅을 모두 합한 것과 히든카드에서 하는 한 번의 베팅의 금액이 정확
히 똑같다는 것을 생각할 때), 그 중요성은 따로 설명할 필요가 없으리
라 생각한다. 그렇다고 해서 언제, 어느 때나 항상 히든에 가서 베팅
을 할 수는 없다.

그러면 과연 어떤 경우에는 베팅을 해야 하며, 어떤 때는 베팅을
하지 말아야 하는가? 그 각각의 경우를 비교하여 알아보기로 하자.

◆ 베팅을 해야 하는 상황

① 상대의 카드를 비전(포플러시 또는 양방 스트레이트)이 아니라 페어쪽(투페어, 트리플)으로 보았을 때

② 자신이 선두에서 가장 먼저 베팅을 해야 하는 위치에 있을 때 (보스 카드일 때)

③ 레이즈를 맞았을 경우 미련을 갖지 않고 기권할 수 있는 패를 가지고 있을 때

④ 상대가 레이즈를 칠 만큼 돈이 없는데 히든에 삥을 달고 나왔을 때

단, ① ~ ④의 경우가 모두 일단 6구까지는 자신이 이기고 있다고 판단될 경우(상대가 히든에 가서 바라는 카드를 뜨지 않는 한 이기는 상황)의 이야기이다.

그러면 각각의 경우에 대해 자세히 알아보기로 하자.

① 상대의 카드를 비전(포플러시 또는 양방 스트레이트)이 아니라 페어 쪽(투페어 또는 트리플)으로 보았을 경우

이 경우에는 상대가 자신의 카드를 어떻게 인정하느냐에 따라서 히든 베팅에서 콜을 받아 더 큰 소득을 올릴 수 있게 된다(히든에서의 한 번의 베팅은 지금까지 해온 모든 베팅을 합한 것과 같은 금액).

물론 이 때 상대가 6구에서 포플러시 또는 양방 스트레이트와 같이 페어 쪽이 아닌 비전카드라서, 히든에서 뜨지 못했을 때 완전히 쓸데없는 패가 되어 콜을 받을 수 없다면 백해무익한 상황이 된다.

상대가 비전카드를 가지고 히든에 왔다고 하면 '못 뜨면 그냥 죽

고, 뜨면 이기는' 그러한 상황이 되는 것이기에, 이때는 히든에서의
베팅이 자신에게 거의 득을 주지 못한다.

하지만 상대의 패가 하이 투페어나 트리플로 판단된다면(그리고
6구까지의 상황에서 상대보다 자신의 카드가 높다고 생각하면), 히든에 가
서 상대가 풀하우스를 뜰 것을 절대 겁내지 말고 끝까지 베팅을 하
여 콜을 받을 수 있어야 한다. 물론 간혹은 상대가 마지막 카드를 떠
서 역전되는 경우도 나오고, 레이즈를 맞는 경우도 생기긴 하겠지
만, 여러 가지의 가능성과 확률을 생각할 때 절대로 명심해두어야
할 중요한 사항이다.

② 자신이 선두에서 가장 먼저 베팅을 해야 하는 위치에 있을 경우

이 부분은 상당히 중요한 의미가 담겨져 있는 부분인 만큼, 정확
하게 이해하여 게임에 잘 활용한다면 반드시 큰 효과를 얻을 수 있
는 고차원적인 베팅요령이다.

자신이 일단 6구까지 가장 높은 카드라고 판단되는 경우이고,
그리고 히든에서의 베팅 위치가 일단 가장 앞이다.

이와 같은 경우 거의 대부분의 하수들은 자신의 카드가 풀하우스
나 플러시 정도의 카드가 아닌 경우에는 대부분 히든에 뻥을 달고
나가게 된다.

이런 플레이는 히든에서 상대의 레이즈를 겁내 몸을 사리는 운영
이지만, 참으로 잘못된 생각인 동시에 결과적으로도 금전적인 측면

에서 자신에게 아무런 득이 되지 않는다.

예를 들어 설명한다면, 자신이 히든카드까지 받아본 상황에서 스트레이트 또는 7트리플 또는 A투페어 정도의 높은 카드를 가지고 있고, 일단 그 때까지의 상황으로 미루어 판단할 때 히든에 상대가 바라는 것을 뜨지 않는 한 이길 수 있다고 판단할 경우, 자신의 베팅 위치가 보스에 있다면 웬만하면 베팅을 하고 나가야 한다.

왜냐하면 만약 자신이 히든에 뻥을 달더라도 상대가 자신에게 이기는 카드를 히든에 떴을 경우에는 어차피 베팅을 하기 때문에, 히든에 '상대가 베팅을 하면 죽어야지'라고 마음먹고 있지 않은 상황이라면 어차피 확인을 하게 된다.

그렇다면 자신이 먼저 베팅을 하고 나갔을 경우나, 뻥을 달고 상대가 베팅을 하여 자신이 콜을 하여 확인을 하는 경우나 완전히 똑같다할 수 있다.

상대가 자신보다 약한 카드를 가지고 있을 때 쉽게 자신의 카드를 보여주지 않기 위해서라도 히든에서의 무조건 뻥을 이제부터는 줄여나가야 한다. 그럼으로서 상대에게 '왠지 저 사람하고는 게임하는 게 만만치 않다'는 느낌을 줄 수 있기 때문이다.

그런데 여기서 짚고 넘어가야 할 중요한 문제가 있다. 히든에 보스라서 베팅을 하고 나갔는데 상대가 레이즈를 해오면 어떻게 하느냐는 점이다. 그것은 아주 간단하다. 자신이 또다시 레이즈를 할 수 있는 정도의 카드가 아니고, 자신의 카드가 자신의 액면에 깔려 있는 카드와 일치하는 카드라면(상대가 자신의 패를 정확히 읽을 수 있는 상태) 무조건 죽는다고 생각하면 된다.

그랬을 때 자신이 히든에 삥을 달고 나가고 상대가 베팅을 하여, 자신이 콜을 하여 확인한 것과는 금전적으로는 단 한 푼의 차이도 없다. 단지 베팅을 미리 하고 나가서 레이즈를 맞고 죽었을 경우에는 상대의 카드를 눈으로 확인하지만 못했다는 차이일 뿐이다.

그러한 상황이라면 어차피 80~90% 이상은 지는 것이 확실한 상황이기에, 굳이 그것에 대해 아깝게 생각하거나 미련을 갖지 말라는 이야기다.

지금까지의 설명으로 그 의미는 어느 정도 이해가 되었으리라 생각한다. 그렇다면 정상적인 상황으로서는 설명한 대로이지만, 거기에 추가되는 것이 바로 블러핑(일명 공갈, 삥끼, 구라) 베팅이다.

상대가 히든에 계속 베팅을 하고 나오는 점을 노리고 있다가 적당한 찬스가 오면 레이즈를 하여(물론 공갈로써) 죽이려고 시도할 수도 있다는 뜻이다. 이 부분이 가장 어렵고, 포커게임의 매력과 어려움을 동시에 나타내는 면이다.

하지만 그 정도의 실력이라면 일단 상당한 수준에 올라 있는 고수들만이 할 수 있는 테크닉이며, 또 일단은 공갈을 시도하는 본인에게도 상당한 위험부담이 따르기에 결코 자주 나오지 않는 상황인 것만은 틀림없는 사실이다. 그리고 그것에 대한 대응법은 2권 『공갈편』의 '공갈을 치는 법', '잡아 내는 법'에서 자세히 다루어보 도록 하자.

③ 레이즈를 맞았을 때 미련을 갖지 않고 기권을 할 수 있는 패를 가지고 있는 경우

이것은 ②의 경우와 어느 정도 일치되는 이야기이다. 다시 말해 서, 베팅을 하고 나가서 레이즈를 맞았을 때 전혀 아쉬움 없이 꺾을 수 있는 패를 가지고 있을 경우를 의미한다(대표적인 카드 : 트리플, A투페어, K투페어 등).

히든에 가서 베팅을 자주 한다는 것은(일단 블러핑이 아닌 상황이니까) 상대에게 그만큼 부담을 준다는 뜻이며, 그리고 실제로 자신이 아주 좋은 카드를 잡았을 때에도 실속 있는 장사를 할 가능성이 그만큼 많아진다는 의미도 있다.

앞에서도 언급했던 적이 있지만, 포커게임의 승패는 결국 70~ 80% 이상이 베팅능력과 판단력에 의해 결정된다고 해도 과언이 아니다.

가능성이 거의 없는 카드를 가지고서 4구, 5구에서 쓸데없이 콜을 하여 조금씩 조금씩 버리는 돈이 하루 종일 몇백 판이 쌓이다 보면, 결국 그날의 결과로 이어지는 것이 가장 평범한 포커게임의

진리이다.

자신이 지는 판이라 생각하면 최소한으로 피해를 줄이고, 자신이 이길 수 있는 판이라 느껴질 때 한푼이라도 더 소득을 올리는 능력, 수없이 반복되는 이러한 상황이 결국 최후의 결과로서 나타나는 것이 바로 포커게임이다.

④ 상대가 레이즈를 칠 만큼 돈이 없는데 히든에 삥을 달고 나왔을 경우

이것은 게임을 하다 보면 상당히 자주 나오는 경우로서, 테이블에 돈을 올려놓고 하는 일명 테이블 머니 게임에서는 절대로 숙지해두어야 할 중요사항이다.

이 경우 아주 대표적인 케이스가 바로, 자신은 6구 현재 메이드(플러시 또는 스트레이트)인데 상대는 거의 트리플이 확실한 상황이다(6구까지의 베팅상황과 액면의 카드로 미루어 판단할 때).

그런데 상대가 보스이고 히든에서의 베팅이 10만 원인 상황인데, 상대의 앞에 놓여 있는 돈이 불과 12~13만 원 정도일 때(또는 그 이하, 레이즈를 칠 돈이 전혀 안되는 상황), 상대가 히든에 카드를 보고 나서 삥을 달고 나오는 것은 "나는 못 떴습니다."라고 얘기하는 것과 같다고 생각하면 된다.

이와 같은 경우에는 히든에 무조건 베팅을 해야 한다. 대부분의 사람들이 트리플을 가지고는 히든에 못 떴어도 잘 꺾으려 하질 않기 때문이다.

그렇다면 그 한 번의 베팅으로 엄청난 득을 볼 수가 있다는 결론이 자연스럽게 나온다. "혹시 풀하우스를 뜨지 않았을까?"라고 생각하며 망설일지도 모르지만, 그러한 상황에서 상대가 히든에 풀하우스를 떴다면 어차피 레이즈를 할 돈이 없기 때문에 무조건 미리 베팅을 하고 나온다는 건 포커를 하는 사람이라면 누구라도 똑같다고 확신해도 된다.

이제 히든에 가서 베팅을 하지 말아야 할 상황은 어떤 경우인가에 대해 알아보기로 하자.

◆ 베팅을 하지 말아야 할 상황

　① 상대가 비전(포플러시 또는 양방 스트레이트) 추라이를 하고 있다고 판단될 때

　② 상대의 액면이 좋지만, 속에는 별게 없다고 확신할 때(공갈을 유발시키는 방법)

　③ 뒷사람을 달아야 할 때

　④ 레이즈를 할 수 있는 찬스가 왔을 때

대략 위의 네 가지 정도를 일단 중요사항이라 생각하고, 각각의 경우에 대해 예를 들어가며 자세히 알아보기로 하자.

① 상대가 비전(포플러시 또는 양방 스트레이트) 추라이를 하고 있다고 판단될 경우

이 경우도 물론 6구까지의 상황에서 이기고 있다고 생각할 경우

를 의미한다. 그런데 상대가 비전 추라이를 하고 있다는 것은, 결국 못 뜨면 전혀 쓸모없는 패가 되어버리기 때문에 콜을 해줄 가능성이 거의 없다고 봐야 한다. 바꾸어 얘기해서 콜을 하는 상황이 되면 일단 메이드가 되었을 가능성이 상당히 높다는 뜻이다.

그렇기 때문에 상대의 카드가 비전 추라이로 판단될 때는, 상대가 원하는 카드를 떴을 때도 이길 수 있는 아주 좋은 카드를 가지고 있는 게 아니라면 베팅을 하지 않는 것이 올바른 방법이다.

② 상대의 액면은 좋지만 속에는 별게 없다고 확신할 경우(공갈을 유발 시키는 방법)

이와 같은 경우에는 물론 자신의 확신이 간혹은 틀릴 수도 있고 그로 인해 피해를 감수해야 하는 수도 있지만, 충분히 이용해볼 만한 가치가 있는 방법이다.

이것에 관한 가장 대표적인 케이스가 바로 플러시 액면을 깔아놓고 베팅을 하는 경우이다.

예를 들어 상대가 액면에 스페이드 무늬를 3장 깔아놓고 열심히 베팅을 하고 있는데, 옆에 빠져 있는 카드로 미루어 판단할 때 트리플 쪽의 카드는 아니라고 생각된다. 그리고 자신이 처음에 같은 스페이드 무늬를 가지고서 출발했고, 옆으로도 스페이드가 2~3장이 더 빠져 있어 플러시 쪽도 아닌 것 같다.

설명하자면 대충 이런 상황인데 아무튼 자신의 느낌으로는 상대가 스페이드 3장을 액면에 깔아놓고 베팅을 계속하는데 전혀 별게 없다고 확신될 때, 절대로 6구 또는 7구에서(자신이 투페어 정도의 카드일 경우) 먼저 베팅을 하지 말고 상대의 블러핑 베팅을 계속 유발시키라는 이야기다. 그럼으로 해서 그러한 사정을 잘 모르고 있고, 나보다 더 좋은 카드를 가지고 있는 제3자가 죽는 경우도 얼마든지 생길 수 있기 때문이다.

바꾸어 말해서, 내가 볼 때는(내가 스페이드를 많이 뽑았으니까) 분명히 상대에게 플러시가 없다고 느껴지는 경우라도, 옆집(제3자)에서 볼 때는 전혀 그렇게 볼 수 없다는 뜻이다.

그렇기에 그러한 사정을 모르는 옆집은 실제로 나보다 더 좋은 카드를 가지고도 상대의 베팅에 의해 죽을 수도 있어 내가 승리하게 된다는 이야기가 된다.

그런데 이 경우, 그러한 사정을 안다고 하여 자신이 먼저 베팅하여 액면이 좋았던 그 상대를 기권시켰다고 하더라도, 또 다른 복병이 얼마든지 생겨날 수 있다.

쉽게 얘기해서 액면이 좋은 그 상대방의 카드를 이용해 다른 사람들을 모두 죽이고서 자신이 그 공갈을 잡아내려고 하는, 약간은 차원 높은 방법이다. 실제로 이런 경우 역시도 꽤 자주 나오는 현상이므로 그 의미를 반드시 잘 숙지해두기 바란다.

③ 뒷사람을 달아야 할 경우

포커게임을 하면서 히든에 가서 뒷사람을 달 정도의 상황을 판단하여 이용할 수 있는 사람이라면 어느 정도 수준에 올라 있다고 해도 좋을 것이다.

예를 들면 히든에서의 상황이다. 보스에서 베팅을 하고 나왔는데, 자신은 지금 바로 두번째 위치에서 그 베팅에 대해 콜을 하든, 죽든, 레이즈를 하든 결정을 해야 하는 상황이다. 이 때는 자신의 카드가 상당히 높은 카드라 할 때, 다음의 4가지 경우에는 콜만 하고 나서 뒷사람(뒷집)을 달아야 한다.

ⓐ 보스에서 베팅을 한 카드가 거의 별게 없다고 느껴지고, 레이즈를 했을 경우

(뒷집들이 모두 죽을 것 같을 때)

ⓑ 자신이 콜만 했을 때 뒷사람이 꼭 레이즈를 쳐줄 것만 같을 경우

ⓒ 뒷사람의 카드가 자신보다 혹시 더 높을지도 모른다고 판단될 경우

ⓓ 뒷사람들이 많이 남아 있어 콜 또는 레이즈를 기대할 수 있을 경우

특히 ⓑ과 ⓓ의 경우는 비슷한 것으로서, 보스 카드에서 베팅을 하고 나왔을 때 자신이 바로 레이즈를 하면 뒤에 있는 사람들은 아주 좋은 카드를 가지고 있지 않는 한 그냥 죽기가 쉬운 법이다. 하지만 자신이 콜만 하고 따라갔을 때 뒷집에서 스트레이트나 플러시라면 최소한 콜이고, 경우에 따라서는 레이즈를 할 수도 있다.

그렇기에 여기서 얘기하는 '뒷사람을 달아야 하는 베팅'은 상황에 따라서 엄청난 득을 가져다줄 수도 있다는 것을 반드시 명심해야 한다.

④ 레이즈를 할 수 있는 찬스가 왔을 경우

이 경우는 자신이 히든에서(또는 그 이전이라도) 상대에게 이길 수 있다는 확신을 가질 수 있는 패를 만들었을 경우에, 분명히 상대쪽 어디에서인가 베팅을 해줄 것 같을 때를 이야기 하는 것이다.

그러나 이것도 역시 상대의 스타일과 베팅요령을 나름대로 파악하여 이용해야 할 부분이다.

어떤 사람들은 히든에 가서는 자신이 완벽한 카드를 가지고 있지 않는 한 뻥에 콜만 하든지, 아니면 자신이 보스라면 무조건 뻥을 달고 나가는데, 이러한 상대라면 히든에 내가 좋은 패를 떴을 때는(보스일 때) 미리 베팅을 하고 나가야 한다.

히든에 가서 어렵게 메이드를 떠서 레이즈를 하려고 뻥을 달았는데, 상대가 그대로 뻥-굿을 해버리면 너무도 허무하기 때문이다.

앞에서도 이야기했지만 히든카드에 가서의 한 번의 베팅, 이것은 참으로 중요하다. 우선 금액적으로 상당히 큰 부분인 것은 말할 필요조차 없다. 그리고 또 한 가지 히든카드에 가서 베팅이 없는 사람은 일단 상대에게 큰 부담을 주지 못한다. 왜? 히든에 가서는 공짜로 카드를 확인할 수 있으니까…. 바꾸어 말해 6구까지 받으면 히든에서는 웬만하면 삥으로 모든 것이 마무리될 수 있다는 뜻이다. 그렇게 된다면 어떤 경우에 있어서는 블러핑(공갈) 베팅을 할 때도 상당히 불리하다는 결론이 나온다.

웬만한 카드를 가지고는 히든에서 거의 대부분이 삥이나 콜로서 마무리하므로, 히든에서 베팅을 한다는 것은 아주 좋은 카드가 아니라면 결국 공갈이라는 결론이 자연스럽게 나오기 때문이다.

물론 그렇다고 해서 스트레이트 또는 플러시 메이드를 가지고서 히든에 가서 언제든지 베팅을 해야 한다는 이야기는 결코 아니다. 하지만 항상 원칙만은 '상대가 6구까지 투페어 또는 트리플이라고 판단된다면 만의 하나 상대가 히든에 가서 풀하우스를 떠서 전세가 역전되는 것을 무서워하지 말고, 레이즈를 맞고서 죽는 한이 있어도 일단은 베팅을 하는 것이 정석'이라는 사실을 명심하고서 앞에서 다룬 부분과 연결하여 잘 응용한다면 당신의 베팅실력은 한 단계 높은 수준으로 올라갈 수 있다고 필자는 감히 장담한다.

 ## 2등을 하지 마라

예로부터 사랑과 전쟁에는 2등이 없다고 하지만 그것 못지않게

2등을 해서는 안 되는 분야가 있으니 바로 포커게임이다. 물론 게임이 모두 끝났을 경우의 성적이라면 1등 다음의 차선은 2등이다. 하지만 한 판 한 판에서라면 2등은 최악이다.

포커게임에서 2등은 그 판에서 끝까지 따라갔다가 지는 사람을 의미하기에, 필연적으로 가장 많은 피해를 입을 수밖에 없기 때문이다. 이처럼 포커게임에서는 2등보다 꼴등이 차선이 되는 것이기에, 1등이 아니면 꼴등을 해야 한다. 다시 말해 어떠한 경우에도 2등만은 피해야 하는 것이 포커게임이다.

그렇다면 2등을 피할 수 있는 방법이 있는 것일까? 그 방법만 알수 있다면 여러분의 성적은 지금보다 훨씬 더 좋아질 수 있을 텐데….

그러면 지금부터 어떻게 하면 조금이라도 2등을 하는 횟수를 줄일 수 있는지 그 방법을 찾아보도록 하자.

◆ 게임 중에 나타나는 대표적인 2등의 경우

　① 히든까지 가서 지는 경우

　② 이기고 있다가 히든에 역전을 당하는 경우

　③ 같이 좋은 패를 잡고 지는 경우

이러한 세 가지 경우라고 볼 수 있다.

그랬을 때 ②, ③과 같은 경우는 일단 승운이 따르지 않는 부분

이라고밖에 달리 해결책을 찾기 어려운 것이 사실이다. 하지만 ①
의 경우는 여러분의 운영에서 2등의 성적표를 받는 횟수를 줄일
수 있다.

6구에서 지고 있는 패로 마지막에 떠서 역전을 노리려는 플레이
야말로 2등을 하는 전형적인 운영 방법이다.

'투페어에서 풀하우스를 뜨려는 사람에겐 딸도 주지 말라는데' 이
것은 이 책의 도입부에서부터 귀가 아플 정도로 여러 번 언급해왔던
사항이다. 그렇기에 여기서 다시 이 부분에 대한 이야기를 반복하
진 않겠다. 포플러시, 양방 스트레이트 등의 카드를 가지고 있을 때
도 여러 가지 상황을 잘 판단하여 마지막에 따라가지 말아야 할 경
우에 대해 수없이 얘기해 왔다. 특히 1:1 대결 상황일 때는 더욱 명
심해야할 부분이다.

그리고 4구 하이 원페어를 가지고 있을 때는 4구부터 레이즈를
주도하며 상대들을 줄여나가는 운영을 해야 한다고 강조해왔다. 많
은 사람들이 참가하여 끝까지 가게 되면 어느 누군가가 한 명이라
도 자신이 원하는 패를 뜨게 되면 여러분은 풀하우스를 만들지 못
하는 한 2등을 하게 되기 때문이다.

이러한 플레이들이 여러분을 2등의 자리로 밀어 넣는 가장 대표
적인 운영방법이라는 사실을 반드시 명심해야 한다.

184

4구 포플러시는 체크에 굿을 해도 좋다

이것은 앞의 '4구 양방 스트레이트로는 레이즈를 해도 괜찮지만, 4구 포플러시로는 레이즈를 해서는 안 된다'에서 다루었던 부분과 거의 비슷한 이야기지만, 아주 많이 나오는 경우이기 때문에 한 번 더 강조한다. 포플러시를 가지고 있을 때는 절대로 자신이 스스로 판을 키우지 말라는 뜻이다.

포플러시에서 판을 키우는 것은 5구, 6구에서 메이드가 되면 장사가 잘 안되고(자신이 앞서서 베팅을 하거나 레이즈를 하면 상대방 모두가 자신의 카드를 일단 포플러시로 보는 경우가 가장 많으니까), 5구, 6구에서 메이드가 안 되면 이제는 판을 키워놓았기에 본인에게 부담으로 작용하게 된다.

그리고 앞에서도 언급했었지만 상대가 한 명이든, 여러 명이든, 뜨면 1등이고 못 뜨면 꼴등이다. 그렇다면 자신의 부담을 줄이고서 많은 사람을 데리고 가서 승부하는 게 훨씬 더 효과적이고 배당 역시 좋다는 것은 삼척동자도 알 수 있다.

그렇기 때문에 포플러시를 가지고는 특별한 경우가 아니라면 자신이 앞서서 베팅을 하는 것은 절대로 삼가해야 한다.

어차피 베팅을 맞을 상황이라면
먼저 베팅을 할 필요는 없다(히든카드에서)

이것은 게임을 하다 보면 참으로 자주 들을 수 있는 이야기이다. 특히 상대가 액면에 플러시 또는 스트레이트가 이미 메이드되어 있는 것 같은 카드를 깔아놓고 있을 때, 나는 트리플 또는 하이 투페어에서 히든에 뜨지 못한 채 말랐을 경우에 "어차피 저쪽에서 치면 콜을 할 거니까 미리 치고 나간다."고 하는 생각은 자신에게 백해무익한 베팅방법이다. 그런데도 적지 않은 사람들이 겉멋에 빠져 이런 플레이를 일삼고 있으니 안타깝다.

왜냐하면 히든에 상대가 베팅했을 때 죽지 않고 콜을 하려고 마음을 굳게 먹고 있었다면 결국 결과는 상대가 진짜 메이드가 되어 있으면 지고, 상대가 공갈일 때는 이긴다.

이때는 상대가 히든에 베팅을 하고 내가 콜을 한 상황이기에, 위험 부담이 있는 만큼 그에 상응하는 배당 또한 어느 정도 보장된다.

그런데 만약 상대의 액면 메이드성을 무시한 채 '어차피 맞을 거니까 미리 베팅을 하고 나간다'는 식의 운영은, 실제로 상대가 메이드일 때는 콜을 하겠지만 상대가 메이드가 아니라면 콜을 해줄 리가 없다.

결과적으로 상대가 메이드가 되어 있을 경우에는 오히려 미리 치고 나가는 것이 조금이라도 좋을지 모르지만(상대가 메이드를 잡고서도 죽을 가능성이 조금이라도 있을 경우), 일단 상대가 죽지 않는다는 것을 전제로 했을 때는 미리 베팅을 하고 나가는 것과, 삥 또는 체크를 하고서 상대가 베팅을 했을 때 콜을 하는 것의 결과는 전혀 달라지는 것이 없다.

그런데 상대가 만약 메이드가 아닐 경우에 미리 베팅을 하고 나가는 것은, 상대가 노메이드 카드를 가지고서 공갈을 시도할 기회를 주지 않고서 죽여버렸기 때문에 현실적으로 상당한 손해이다. 즉, 여러 가지 상황으로 미루어 상대의 카드가 '메이드는 절대 아니야'라는 확신을 스스로 하더라도 절대로 그런 내색을 하지 말고 공갈을 유발시키라는 것이다. 마지막에 단 한 번의 베팅과 콜, 이것의 중요성은 재삼 설명할 필요가 없으리라 생각한다.

재미있는 포커 이야기_6

방심 放心

제갈량 諸葛亮, 장량張良과 함께 중국 역사상 최고의 지략가 가운데 한명으로 꼽히는 손무孫武 는 『손자병법』으로 더 유명하다. 손무는 군사 훈련 중 군기가 해이해졌다는 이유로 임금이 총애하던 비妃를 2명이나 참할 정도로 엄격한 군율을 강조한 인물이다. 또한 "병사는 하루를 쓰기 위해 100년을 투자하고 기르는 것."이라는 말로 병사들의 충성과 용기를 내세우기도 했다. 단 한순간의 사용을 위해 100년을 투자한다고 했지만, 경우에 따라서는 어쩌면 영원히 사용하지 않을지도 모를 일에 그 오랜 세월을 투자한다는 사실이 무엇을 의미하는지 한 번쯤 음미해 볼 필요가 있다.

얼마 전 세계포커대회 결승전에서 라스베이거스 카지노 딜러 출신인 S는 가장 적은 칩으로 결승에 올라와 시종일관 선전, 결국 T와 챔피언을 가리는 1 대 1의 상황을 맞이하게 됐다. 처음 결승전을 시작할 당시 두 사람의 칩 차이는 무려 15배였다. 그러나 두 사람만이 남았을 때는 칩 차이가 거의 없어 누가 우승을 차지할지 전혀 예측불허의 상황이었다. 물론 지명도에서는 월드시리즈 준우승을 차지했던 화려한 경력의 T가 앞섰다. 하지만 적은 칩으로 고비마다 멋진 승부 감각과 행운까지 곁들이며 상승세를 타고 있는 S쪽에 오히려 더 높은 점수를 주고 싶을 정도였다. 하지만 대회에서는 예상치 못한 변수와 실수, 그리고 행운이 승부를 가르는 경우가 너무도 많기 때문에 아무도 우승자를 장담 할 수는 없었다. 그런데 결승전에 올라서부터 시종일관 그렇게 탄탄하고 안정된 운영을 해오던 S가 단 한순간 어이없는 실수를 저질렀고, 그것으로 승부는 바로 막을 내렸다. 그 실수는 기술적인 부분이 아니라, 자신의 감정을 통제하지 못한 부분이었다.

포커를 배운 지 얼마 안 된 아마추어라면 모를까, S와 같은 세계 수준의 탑 플레이어로서는 절대 나와서는 안 될 큰 실수였다. 예선전부터 오랜 시간을 투자하고, 또 결승에 와서도 눈부신 기세를 이어갔지만, 결국 단 한 번의 실수로 눈앞에서 우승컵을 날려버린 것이다.

게임이 끝난 후 S 스스로도 "내가 왜 그렇게 무리하게 승부를 걸었는지 이해가 되질 않는다. 두말할 필요 없는 나의 잘못된 플레이였다."며 안타까워했다. 이처럼 포커게임은 몇 시간 며칠을 잘하다가도 단 1~2분의 방심으로 모든 것을 잃어버리는 게임이다. 그래서 포커게임에서는 자리에서 일어나는 순간까지 잠시도 방심해서는 안 된다. 특히 포커 게임에서 항상 패배하는 하수들은 지금의 이야기를 명심해야 한다. 하수일수록 게임 후반부에 들어 너무도 어이없는 한순간의 실수로 천 길 나락으로 떨어지는 경우가 비일비재하기 때문이다.

손무는 하루를 사용하기 위한 군사를 100년 동안 훈련시킨다고 했다. 포커에서는 며칠 동안 잘한 것이 1분 만에 사라진다. 두 가지 이야기는 선과 후만 다를 뿐, 속에 흐르고 있는 맥과 우리에게 시사하는 점은 일치한다. 부디 여러분들은 포커뿐만이 아닌 어떤 일에서도 끝났다고 생각한 마지막 순간에 방심으로 일을 그르치는 우를 범하지 않기를 기원한다.

포커는 6구에서의 승부다

올림픽이나 월드컵과 같은 큰 대회가 있는 기간 동안은 거의 매일을 뜬눈으로 새울 만큼 필자는 엄청난 스포츠광이다.

그래서 많은 명승부의 순간을 기억하고 있지만 필자의 기억 속에 가장 강하게 남아 있는 것은 2002년 한일 월드컵 이탈리아와의 16강전이다. 지금도 그 당시의 상황을 생각하면 저절로 흥분이 되고 통쾌함을 느낄 수 있으리만치 짜릿하고 멋진 승부였다.

수많은 명승부 가운데 유독 이 경기가 머릿속에 뚜렷하게 각인된 것은 '멋진 역전 드라마'라는 점 때문이 아닌가 생각한다.

그렇다. 분명 어려운 상황에서 전세를 뒤집어 역전승을 한다는 것은 평범한 승리보다 훨씬 강한 흥분과 스릴, 통쾌감을 동시에 느끼게 해준다. 그래서 필자는 스포츠 경기를 볼 때마다 내가 응원하는 쪽이 지고 있더라도 항상 혹시 마지막에 극적인 역전을 할 수도 있다는 생각을 가지고 그 상황을 머릿속에 그리곤 한다.

하지만 필자의 이런 기대와는 달리 마지막 순간에 어려운 확률을 뚫고 전세를 뒤집는 것은 참으로 어려운 일이다. 필자가 그런 기대를 한다고 하더라도 열 번, 스무 번에 한 번이나 나올까 말까 할 정도로 그 가능성은 희박하다.

스포츠에서든 우리 인생의 다른 어떤 분야에서든 마지막 순간에 승부를 뒤집는 극적인 역전승이란 결코 쉬운 일이 아니다. 그리고 이것은 포커게임에서도 변치 않는 진리이다.

포커게임은 6구째까지의 카드에서 승부가 갈린다고 하여도 절대 지나치지 않을 정도로 6구째까지의 승부가 마지막까지 이어지는 게임이다. 이렇게 얘기하면 "포커는 히든에서 뜨는 것이 진짜 큰 장사가 되는 법이고 더욱이 포커의 매력이란 히든카드를 쪼는 짜릿한 스릴에 있다."며 반론을 제기하는 분들도 있을 것이다.

그랬을 때 필자는 이러한 반론에 대해 크게 부정하고 싶은 생각은 없다. 히든카드에 뜨는 것이 가장 큰 장사가 된다는 사실은 틀림없는 말이기 때문이다. 그리고 히든카드를 쪼으는 짜릿한 스릴에서 포커의 매력을 느끼는 사람이라면 포커를 승부 게임이 아닌 단순한 취미 또는 오락으로 즐기는 사람이기에 이런 사람들에게는 이 말도 맞는 말일 수 있다. 하지만 조금 방향을 바꾸어서 생각을 해보자. "히든카드에 뜨는 것이 가장 큰 장사가 된다."라고 하는 말은 바로 6구까지는 지고 있다는 것을 의미하며, 이것은 마지막에 역전을 도모하는 것을 의미한다. 그리고 결과는 히든카드에 뜨면 대역전을 하고, 못 뜨면 그대로 지는 것이다. 그런데 히든카드에 뜨고 못 뜨는 일은 실력으로만 되는 일이 아니다.

뜨고 못 뜨는 것은 운에 달려 있다고 봐야 한다. 그렇다면 이 얘기

는 결국 승패를 운에 맡기겠다는 것이나 마찬가지이다. 그것도 지고 있는 상황에서 역전을 도모하는 어려운 확률에 승부를 걸겠다는 것으로 봐야 한다.

이런 생각을 가진 사람은 이미 게임에서 지고 있는 셈이다. 상대는 유리한 입장에서 승부를 하고, 자신은 불리한 상황에서 역전을 노리는 힘든 입장에서 승부를 해야 하기 때문이다.

물론 역전을 할 수만 있다면 그에 상응하는 배당이 보장된다는 점은 사실이다. 하지만 거의 대부분의 경우 그 배당이 좋아도 희박한 확률을 커버하고도 남을 정도는 안된다는 사실을 깨달아야 한다.

과연 여러분이 무의식적으로 무조건 뜰 것 같다고 생각하고 있는 6구 트리플에서 풀하우스를 뜰 확률이 얼마나 될까?

다음의 그림을 보자.

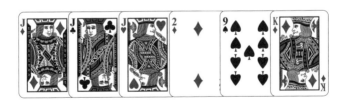

이 그림은 세븐오디 게임에서 6구 현재 여러분의 카드이다. J트리

플이다. 그림을 보면 쉽게 알 수 있겠지만 여러분이 풀하우스(또는 포카드)를 뜨려면 J, 2, 9, K 중 하나를 떠야 한다.

그런데 남아 있는 카드의 장수는 J는 1장 그리고 2, 9, K는 각 3장씩이다. 같은 숫자는 4장씩인데 J는 여러분이 3장 가지고 있고, 2, 9, K는 여러분이 1장씩 뺐기 때문이다.

따라서 6구 트리플에서 풀하우스(또는 포카드)를 뜨려면 지금의 10장(=1+3+3+3) 중 1장을 떠야 한다. 그랬을 때 남아 있는 전체 카드의 장수는 46장(52장에서 여러분이 가지고 있는 6장을 뺀다)이므로 그 확률은 10/46(≒ 0.217) 약 21.7%밖에 안된다. 다섯 번에 한 번 정도의 확률이다.

그리고 여러분이 무조건 뜬다고 생각하고 있는 6구 A원페어에서 투페어(또는 트리플)를 뜰 확률은 얼마나 될까?

그 확률은 14/46(≒ 0.304), 약 30%로 약 열 번에 세 번꼴이다.

마찬가지로 세븐오디에서 6구의 확률을 보면 다음과 같다.

- 6구 투페어에서 풀하우스를 뜰 확률 : 0.086 (8.6%)

- 6구 포플러시에서 플러시를 뜰 확률 : 0.195 (19.5%)

- 6구 앙방 스트레이트에서 스트레이트를 뜰 확률 : 0.173 (17.3%)

- 6구 빵구 스트레이트에서 스트레이트를 뜰 확률 : 0.086 (8.6%)

- 6구 원페어에서 트리플을 뜰 확률 : 0.043 (4.3%)

이와 같이 여러분이 게임에서 항상 접하고 있는 상황의 확률이란 아무리 높아도 20%를 넘는 경우가 거의 없다.

20%도 채 안된다는 것은 다섯 번 중 네 번을 이미 져 있다는 것을 의미한다.

더욱이 20%도 채 안되는 어려운 확률을 뚫고 여러분이 뜨더라도 이긴다는 보장도 없다. 상대 역시 마지막에 뜰 수도 있으며, 경우에 따라서는 이미 여러분보다 더 높은 족보가 만들어져 있을 수도 있기 때문이다. 따라서 누가 보든 히든에 역전을 노리는 사람에게 불리한 승부이다.

이렇게 불리한 승부를 자초하고 히든까지 따라가서 역전을 노리는 이유는 무엇일까? 그것은 바로 하수이기 때문이라는 아주 간단한 이유이다.

고수들은 마지막 히든에서 역전을 노리는 것이 얼마나 가능성이 희박하고 무모한 짓인지를 잘 알고 있기에 웬만해서는 역전을 도모하는 게임 운영을 결코 하지 않는다. 하지만 하수들은 들어가면 웬지 뜰 것 같다는 어리석은 생각과 간혹 떴을 때의 짜릿한 추억을 잊지 못하고 힘든 승부를 자초하며 스스로 무너지는 것이다.

앞서도 말했듯이 포커게임이란 6구째의 승부이다. 이 말은 바꾸어 말해 히든카드에서는 '나도 못 뜨고, 상대도 못 뜬다'는 마음가짐을 가지고 게임에 임하라는 것을 의미한다.

그렇기에 모든 능력을 동원하여 6구째 상황에서 여러분이 지고 있는지, 아니면 이기고 있는지를 판단한 후 이기고 있다고 생각되면 모든 것을 걸고라도 승부할 수 있고, 지고 있다고 생각되면 히든에 역전을 하겠다는 생각을 버리고 카드를 꺾을 줄 아는 마음가짐을 항상 가지고 있어야 한다.

물론 그렇다고 해서 6구째 지고 있는 카드를 가지고 있을 때는 언제든 죽기만 하라는 얘기는 결코 아니다.

① 1 대 1 승부가 아니라 여러 명이 살아 있어서 뜨기만 하면 큰 배당이 보장될 경우

② 자신이 필요로 하는 숫자나 무늬가 액면상으로 거의 안 보여서 뜰 확률이 그만큼 높다고 생각될 경우

③ 1 대 1 승부일지라도 뜨기만 하면 레이즈를 할 수 있고, 또 여러분이 레이즈를 할 경우 상대가 콜을 하여 보태 준다고 확신할 경우

④ 위의 ①~③과 같은 상황이 아니더라도 왠지 죽어도 들어가 보고 싶을 경우

①~④과 같은 경우라면 얼마든지 역전을 노리는 플레이를 할 수도 있으며, 또 해야 한다. 특히 ④과 같은 경우는 어쩌면 우스갯소리로 간단히 넘길지도 모르겠으나 실제로 ④과 같은 경우도 무시할 수 없다.

이것이 바로 일류 고수들이 얘기하는 이른바 '감 또는 느낌'이라고 할 수 있는 부분이다. 이러한 때는 실패를 하더라도 간혹 역전을

시도해 보는 것이 정신 건강에도 필요하다.

①~④까지 여러 가지 경우를 예로 들어 6구에 지고 있더라도 역전을 도모할 수 있는 경우를 설명했다.

지금의 이런 필자의 주장은 사람마다의 취향이나 성격에 따라 조금씩 달라질 수도 있는 부분이라 생각하기에 약간의 예외가 있을 수 있다. 하지만 누구도 부정할 수 없는 분명한 사실은 히든카드에 역전을 도모하려는 생각은 그 횟수가 적으면 적을수록 좋다는 점이다.

대한민국 포커계를 주름잡는 고수나 포커를 배운 지 며칠 안되는 하수나 투페어에서 풀하우스를, 포플러시에서 플러시를 떠 보고 싶은 욕망을 느끼는 것은 똑같다.

단지 고수와 하수의 차이는 그 욕망을 자제할 수 있다는 것과 없다는 것뿐이다.

레이스를 해야 할 때와
하지 말아야 할 때

남대문에서 사업을 하던 시절에 필자와 서로 호형호제하며 가깝게 지내던 L씨는 포커게임을 즐기기는 했지만 배운 지가 얼마 안 되어 그야말로 만인의 밥 역할을 하던 사람이다.

이런 L씨가 하루는 필자를 붙잡고 하소연하였다.

"왜 나는 매일 돈을 잃는 거야? 어디가 잘못된 건지 좀 알려달라."
는 것이었다. 필자는 "잘못된 점이 한두 가지라야 가르쳐 드리죠….
형님은 포커를 하루라도 빨리 그만두시는 게 만수무강하는 길입니
다."라고 대답하였다. 실제로 그 당시 L씨의 포커 실력은 '처음부터
끝까지 전부 잘못되었다'고 해야 할 정도로 엉망이었다.

어떤 때는 옆에서 보는 필자가 깜짝 놀랄 만큼 조금이라도 고민을
해야 할 상황이 나올 때마다 절묘하게 정반대로 대응을 하곤 했다.

죽어야 할 때는 콜을 하고, 콜을 하고 승부를 걸어 볼 만한 때는 죽
고, 레이즈를 해야 할 때는 안하고, 전혀 레이즈를 할 찬스가 아닐 때
는 레이즈를 하고, 뒷집을 달아야 할 때는 안 달고, 뒷집을 죽여야 할
때는 달고 가고, 공갈을 시도해 볼 만할 때는 안하고, 공갈을 시도해
서는 안 될 상황에서는 또 공갈을 시도하고….

이런 식으로 어찌 그리도 정확하게 정반대로 대응하는지 참으로
불가사의할 정도였다. 그래서 필자는 "앞으로는 형님이 생각한 정반
대로 플레이를 하십시오. 그러면 거의 돈을 잃지 않을 겁니다."라고
충고를 하기도 했다. 아마도 L씨의 얘기를 읽으며 웃는 독자들이 있
을지도 모르겠다. 그러나 실제로 하수들 중에서는 L씨와 같은 사람
들이 상상외로 많다. 하수들은 자신의 플레이가 최선의 선택이라고
생각하고 있겠지만, 그것은 오직 자신만의 판단일 뿐 정답과는 정반

대의 잘못된 플레이일 경우가 비일비재하다.

아무튼 L씨의 잘못된 점은 이루 헤아릴 수 없을 정도로 그 종류
가 다양했지만 그 중에서도 백미는 레이즈 찬스를 반대로 잡는 것
이었다.

그러면 과연 L씨의 레이즈에서 나타나는 문제점은 무엇인지 그의
잘못을 통해 하나씩 알아보도록 하자.

4구에서 포플러시나 양방 스트레이트를 가지고 있을 경우

L씨는 4구에 포플러시가 되면 마치 플러시가 메이드된 듯한 기분
을 가지고 레이즈를 하며 광분한다. 그러나 4구에 양방 스트레이트
를 잡았을 때는 거의 레이즈를 하는 법이 없다. L씨가 이런 식의 레
이즈를 하는 데는 나름대로 이유가 있다.

● 포플러시 ⇨ 플러시를 뜰 확률이 양방 스트레이트 ⇨ 스트레이트를 뜰 확률보다
높다.

● 같이 메이드가 되었을 경우에도 플러시가 스트레이트보다 훨씬 높은 족보이다.

이 두 가지 때문이다. 얼핏 그럴듯한 이론인 것 같으나 L씨의 이
런 생각이야말로 하수만이 가지는 어리석은 생각의 표본이라고 할
수 있다.

그렇다면 L씨의 이러한 생각이 왜 잘못된 것인지를 알아보자.

포커게임에서 중요한 것은 한판 한판의 승부가 아니다. 이길 수 없는 패가 들어올 때는 천하 없는 고수라도 어쩔 수 없기 때문이다 (물론 공갈이라는 변수도 있지만, 어차피 공갈이란 많은 위험과 무리를 수반하는 것이기에 여기서는 공갈에 대한 부분은 무시하도록 하겠다).

그렇기에 포커게임에서 진정 중요한 것은 자신이 이기는 판에서 얼마나 많은 소득을 올렸느냐, 반대로 지는 판에서 피해를 얼마나 최소한으로 막았느냐 하는 부분이다.

이러한 포커게임의 기본 생리를 생각해 보면 4구째 포플러시를 가지고 레이즈를 하는 것은 잘못된 플레이임이 금방 드러난다.

이미 앞에서도 여러 번 언급했듯이 4구째라면 액면에 깔려 있는 카드는 2장뿐이기에 4구 포플러시라면 필연적으로 액면에 깔려 있는 2장의 카드가 같은 무늬가 될 수밖에 없다.

따라서 이러한 액면을 깔아놓고 레이즈를 하면 포커를 하는 사람이라면 누구라도 일단 '저거 포플러시인 모양이구나'라며 플러시 쪽으로 신경을 곤두세우게 되는 것은 당연한 현상이다.

그리고 만약 플러시가 5구 또는 6구에 메이드되더라도 실속 있는 장사를 기대하기가 어려워진다. 왜냐하면 모두가 4구째부터 '저거 포플러시 같은데'라며 바짝 긴장하고 경계하고 있었기 때문이다.

이것은 삼척동자도 이해할 수 있는 일이다. 그렇지만 5구, 6구에 메이드가 되었을 경우 효과적인 장사가 어렵다고 하여 5구, 6구에 플러시가 메이드되지 않기를 바랄 수도 없는 노릇이다.

즉, 5구나 6구에 메이드가 되면 좋긴 좋지만 큰 장사를 기대하기 어렵고, 그렇다고 5구, 6구에 메이드가 되지 않기를 바란다는 것은 말이 안 되고… 이래저래 불만이다.

하지만, 4구 양방 스트레이트 경우라면 이야기는 많이 달라진다. 4구째 양방 스트레이트로 레이즈를 했을 경우에는 누구라도 그 패를 양방 스트레이트로 읽기는 어렵다. 설혹 상대 중 누군가가 그 패를 양방 스트레이트라고 제대로 읽었다고 하더라도 여러분의 장사에는 별 지장이 없다.

아래의 그림은 4구째 여러분의 액면이다.

〈손안의 카드〉   〈오픈된 카드〉

그림에서 보듯 여러분은 손 안에 9-10을 가지고 있어 4구째 '7-8-9-10'이다.

이러한 상황에서 여러분이 레이즈를 했는데 상대 중 누군가가 여러분의 패를 양방 스트레이트라고 읽었다고 하더라도, 그것은 전혀 문제가 되지 않는다.

왜냐하면 위 그림을 보고 양방 스트레이트라고 읽었다고 한들 여러분의 손 안에 있는 패까지 읽을 수는 없기 때문이다. 즉, 여러분의 손 안에 '10-9', '5-6', '6-9' 이 세 종류 중 어떤 카드를 들고 있어도 양방 스트레이트가 되는 것이기에 애시당초 양방 스트레이트로 읽은 것 자체가 그다지 큰 의미가 없다.

다시 말해 여러분의 패가 양방 스트레이트라고 한들 어느 장단에 춤을 춰야 할지 그것까지 정확히 알 수는 없다는 의미이다.

따라서 4구에서 양방 스트레이트로 레이즈를 했을 경우에는 오직 5구, 6구에 메이드가 되느냐 안 되느냐 하는 것만이 문제일 뿐, 만약 메이드가 되기만 한다면 충분히 효과적인 장사를 기대할 수 있다.

지금의 이러한 면을 생각했을 때 4구째 포플러시로 레이즈를 하는 것보다는 오히려 4구째 양방 스트레이트로 레이즈를 하는 것이 훨씬 효과적임을 충분히 이해할 수 있으리라 생각한다.

하지만 L씨의 생각처럼 포플러시에서 플러시를 뜰 확률이 양방 스트레이트에서 스트레이트를 뜰 확률보다 높고, 플러시가 스트레이트보다 높은 족보라는 것은 틀림없는 사실이기에 지금의 이론에 이의를 제기할 사람들이 있을지도 모르겠다. 그렇지만 조금만 더 생각을 해보면 L씨의 생각은 그리 큰 의미가 없는 것임을 깨달을 수 있다.

즉, 포플러시에서 플러시를 뜰 확률이 조금 더 높은 것은 사실이지만 실제로 그 확률의 차이는 불과 4%밖에 안된다는 것이다.

- 포플러시에서 플러시를 뜰 확률 : 47%
- 양방 스트레이트에서 스트레이트를 뜰 확률 : 43%

그리고 플러시가 스트레이트보다 높은 족보인 것 또한 누구도 부정할 수 없는 사실이지만 어차피 포커게임에서 특별한 경우를 제외하고는 플러시든, 스트레이트든 웬만하면 이길 수 있는 족보라는 점은 똑같다.

물론 약간의 확률 차이와 플러시가 스트레이트보다 높은 족보라는 점도 무시할 수 있는 부분은 결코 아니다. 다만 필자가 주장하는 것은 그러한 조그마한 차이보다는 메이드가 되었을 때 얻을 수 있는 부가가치를 더욱 중요하게 생각하는 마음가짐을 가져야 한다는 의미이다.

4구에 K원페어나 K트리플을 가지고 있을 경우

L씨는 4구에 K원페어일 때는 아무런 생각 없이 콜을 하고 4구에 K트리플일 때는 당연한 듯 숨도 안 쉬고 레이즈를 한다.

4구에 K트리플이라는 환상적인 카드를 가지고 레이즈를 한다는 것은 포커게임의 기본 원리에 위배되는 플레이라고 할 수 있다.

왜냐하면 4구째 K트리플이라는 완벽한 패를 가지고 있을 때는 레이즈를 하여 상대들을 죽이기보다는 가능한 한 상대들을 곱게 모시고 가서 큰 장사를 노려야 하기 때문이다.

아마도 포커게임을 조금만 해본 사람이라면 이 정도의 이론은 알고 있을 것이다(물론 경우에 따라서는 K트리플을 가지고도 4구에서 레이즈를 해야 할 상황도 분명히 있지만, 그 부분에 대해서는 뒤에서 다시 다루도록 하겠다).

그러나 L씨는 4구째 트리플만 되면 거의 예외 없이 자신의 승리를 속단하고 어떻게 하든 조금이라도 판을 키워 보려는 의도에서 급하게 레이즈를 하여 상대를 일찍 죽여버리는 우를 범하고 있으니 안타까운 노릇이다.

포커게임에서 4구에 트리플을 잡게 되면 누구나가 '이번 판은 내 거야'라는 생각을 하게 된다. 또 실제로도 특별한 이변이 없는 한 4구 트리플을 가진 사람이 대부분 승자가 되는 것이 보통이다. 그렇기에 4구 트리플이라는 좋은 카드를 가지고 있을 때는 단순히 승리보다는 조금이라도 더 효과적인 장사를 염두에 둔 플레이를 해야 한다. 그랬을 때 4구에 트리플을 가지고 레이즈를 한다는 것은 자칫 손님들을 모두 쫓아버려 드물게 찾아오는 호기를 스스로 발로 차버리는 결과를 초래할 수 있다는 사실을 기억해야 한다.

이번에는 4구에 K원페어를 가지고 있는 경우를 생각해 보도록 하자. 포커게임에서 4구째의 레이즈란 두 가지 면에서 큰 의미를 가지고 있다고 할 수 있다.

첫째, 두말할 필요 없이 판을 키운다는 의미

둘째, 어정쩡한 상대들을 죽인다는 의미

그랬을 때 4구째 K원페어를 가지고 레이즈를 한다는 것은 둘째 의미에 해당하는 레이즈 요령이라고 볼 수 있다.

4구째 K원페어를 가지고 있다면 일반적으로 기대 가능한 족보는 K투페어이다. 물론 게임을 하다 보면 K트리플이 될 수도 있고, 풀하우스가 될 수도 있겠지만, 그것은 쉽게 나오는 족보가 아니기에 대부분의 경우 일단 투페어 정도를 예상하는 것이 정상적인 마음가짐이다.

따라서 4구째 K원페어를 가지고 있는 사람의 입장에서는 '내가 기대할 수 있는 족보는 K투페어'라는 마음가짐을 가지고 게임을 운영하는 것이 바람직하다. 결국 이기기 위해서는 상대방들 모두가 K투페어보다 낮은 족보를 가지고 있어야 한다는 결론이 나온다. 즉, 상대방 중 누군가 한 명이라도 원하는 것을 뜨면 K투페어를 가지고 이길 수 없게 된다는 것이다.

그렇다. 이기기 위해서는 상대들 모두가 K투페어보다 높은 족보를 뜨지 못하게 해야 하는데, 그러기 위해서는 일찍부터(4구째부터) 레이즈를 하며 강력하게 밀고 나감으로써 어정쩡한 상대들을 미리 죽이고서 상대의 숫자를 줄이는 방법을 선택해야 한다.

포플러시나 양방 스트레이트와 같은 비전 카드를 가지고 있는 사람의 입장에서는 상대의 숫자를 아무리 줄이더라도 다 죽이지 못하는 한 결국 승패는 스스로가 플러시 또는 스트레이트를 뜨느냐, 못 뜨느냐에 달려 있기에 애써 무리를 해가며 상대를 줄이려고 노력할 하등의 이유가 없다. 하지만 K투페어를 가지고 있는 사람의 입장은 전혀 다르다.

K투페어를 가지고 있을 때는 최대한 상대의 숫자를 줄이고서 상대가 원하는 것을 뜨느냐, 못 뜨느냐에 승패를 거는 쪽으로 승부의 흐름을 몰고 가야 한다.

즉, 어정쩡한 상대들이 끝까지 많이 남아 있다면 누군가 한 명이라도 원하는 것을 뜰 확률이 그만큼 높아지므로 가능한 한 일찍부터 썩은 가지를 쳐내어 상대의 숫자를 줄여야 한다는 뜻이다. 그렇기에 4구에서 K원페어를 가지고 있을 때는 일찍부터 레이즈를 하여 상대의 수를 줄이는 것이 올바른 운영방법이다.

물론, 여러 가지 면에서 K원페어를 가지고 4구째 레이즈를 하는 게임 운영방법이 위험 부담을 안고 있다는 것도 무시할 수 없는 부분이다. 지금의 이 베팅 요령을 실전에 적용한다면 아마도 처음에는 많은 시행착오를 범하리라 생각한다. 그만큼 이 베팅 요령을 실전에서 능수능란하게 이용하는 것은 쉽지 않은 일이지만 필자의 오랜 경험으로 비추어 볼 때, 4구째 하이 원페어로 레이즈를 하는 것은 분명 그 위험부담을 충분히 상쇄시키고도 남을만치 효과적이고, 중요한 베팅 요령이라고 감히 장담하는 바, 여러분도 반드시 이러한 베팅 요령을 잘 이해하고 익혀두기 바란다.

6구에서 포플러시나 A투페어를 가지고 있을 경우

L씨는 6구에서 포플러시를 가지고 있으면 심심찮게 레이즈를 하며 큰 승부를 만들고, 6구에서 A투페어를 가지고 있을 때는 거의 레이즈를 하는 일이 없다.

지금의 이 이야기는 바로 앞의 이론과 그 맥이 거의 같다고 할 수 있다. 포플러시라는 카드는 아주 특별한 경우가 아니라면 상대가 몇 명이든 뜨면 1등, 못 뜨면 꼴등이다. 그리고 바로 앞에서도 얘기했듯이 포플러시는 상대가 한 명밖에 안 남아 있더라도 어차피 승패는 자신이 뜨느냐, 못 뜨느냐에 달려 있다. 즉, 상대가 한 명밖에 없더라도 자신이 플러시를 못 뜨면 공갈 이외에는 이길 수가 없다는 것이다.

◆ 6구째 포플러시로 레이즈를 하는 의도

   - 6구째에 상대를 다 죽이겠다.

   - 6구째에 상대가 다 죽지 않고, 히든에 자신이 플러시를 못 뜨면 끝까지 공갈을 시도하겠다.

이 두 가지 의도가 아니라면 그야말로 백해무익한 베팅 요령이라고 봐야 한다. 어차피 뜨면 1등, 못 뜨면 꼴등이기에 굳이 무리한 레이즈로써 상대의 수를 줄일 필요가 전혀 없으며, 오히려 상대를 많이 데리고 가서 플러시를 떴을 때 좋은 배당을 노리는 것이 훨씬 효과적인 게임 운영방법이기 때문이다.

더욱이 6구째 포플러시로서 레이즈를 했다가 상대로부터 재차 레이즈가 나와 히든카드도 받아 보지도 못한 채 6구에서 카드를 꺾어야 하는 그런 상황을 초래할 가능성까지 염두에 둔다면 얼마나 어리석고 자신을 해치는 행동인지는 삼척동자도 알 수 있는 일이다.

그리고 L씨는 6구째 A투페어를 가지고 있을 때는 거의 레이즈를 하지 않는다. 그 이유는 레이즈를 하여 쓸데없는 분쟁을 만들기보다는 큰 부담 없이 A풀하우스라는 완벽한 카드를 떠서 그림 같은 승리를 거두려는 꿈을 가지고 있기 때문이다. 즉, 풀하우스를 뜬 후에 환상적인 승리를 만들겠다는 어리석은 야심을 가지고 있기 때문이라는 것이다.

6구에서 트리플이나 스트레이트 메이드를 가지고 있을 경우

L씨는 6구째 트리플(특히 높은 트리플을 가지고 있을 때는 더욱더)을 가지고 있으면 상대의 액면이 오른쪽 그림과 같이 액면 포플러시나 액면 양방 스트레이트와 같은 액면이 아닌 한 거의 예외 없이 레이즈를 한다.

그리고 L씨는 6구째 스트레이트 메이드를 가지고 있을 때는 웬만해서는 레이즈를 하는 법이 없다. 물론 6구째 트리플을 가지고 레이즈를 할 수 있는 경우도 수없이 많고, 6구째 스트레이트 메이드

를 가지고 레이즈를 해서는 안될 경우도 얼마든지 있는 것은 사실이다. 하지만 여기서 이야기하고자 하는 것은 그것과는 약간 다른 경우이다.

즉, 6구에 트리플을 가지고 레이즈를 하기 힘든 상황일 때는 레이즈를 하고, 6구에 스트레이트를 가지고 충분히 레이즈를 할 수 있는 상황일 때는 레이즈를 안하는 그런 경우를 말하는 것이다.

그런데 이런 식의 베팅 요령을 자신이 주무기로 휘두르고 있는 L씨의 얘기를 들어보면 어이가 없다 못해 숫제 할 말을 잃을 정도다.

L씨의 얘기인즉, "6구 트리플로 레이즈를 하는 것은 자신이 뜨면 이길 수 있기 때문이고, 6구 스트레이트 메이드로 레이즈를 못 하는 것은 상대가 뜨면 지기 때문."이라는 것이다. L씨의 생각대로라면 플러시 메이드보다 트리플이 더 좋은 카드이고, 스트레이트 메이드보다 포플러시나 트리플이 더 좋은 카드가 된다.

참으로 황당한 발상이다. 물론 경우에 따라서는 플러시 메이드보다 트리플이, 스트레이트 메이드보다 포플러시나 트리플이 더 유력할 때도 있는 것은 분명하다. 하지만 그것은 아주 특별한 경우에 국한되는 얘기일 뿐, 돈을 버리기 위해서 포커를 하는 사람이 아닌 한 가져서는 안 될 생각이다.

그렇다면 L씨는 왜 이런 어리석은 생각을 가지고 있을까?

그 이유는 바로 트리플에서 풀하우스를, 포플러시에서 플러시를 뜨는 것이 얼마나 어려운지를 모르고 있기 때문이다.

그렇지 않겠는가? 히든카드에서 자신이 원하는 것을 뜨는 일이 얼마나 어려운지를 알고 있다면 L씨가 정신이상자가 아닌 한 그런 행동을 되풀이할 까닭이 없지 않겠는가?

이미 밝힌 바 있듯이 포커게임에서 히든카드에 원하는 것을 뜰 확률은 높아야(트리플 ⇨ 풀하우스, 포플러시 ⇨ 플러시, 양방 스트레이트 ⇨ 스트레이트) 20% 정도이다. 즉, 다섯 번에 한 번 정도의 가능성이다.

이 가능성을 무시한 채 레이즈를 하거나, 또는 레이즈를 해야 할 찬스에서 레이즈를 하지 않는다면 그 결과는 당연히 나쁠 수밖에 없다는 평범한 사실을 이제는 깨달아야 한다.

지금까지 하수의 표본이 될 만한 L씨의 여러 가지 특징을 예로 들어 레이즈를 하지 말아야 할 때와 해볼 만한 때를 구별해서 알아보았다.

포커게임에서 레이즈란 상대로부터 2단 레이즈를 유도할 가능성을 가지고 있으므로 한 번의 레이즈로 인해 아무것도 아닌 것으로 끝날 수 있던 판이 엄청난 빅팟으로 변할 수도 있다. 그래서 한 번의 잘못된 레이즈나 멋있는 레이즈 때문에 판도가 일시에 뒤바뀌어버리는 경우가 비일비재하다.

부디 여러분은 한 번의 잘못된 레이즈로 게임을 망치는 실수를 범하지 않기를 당부한다.

히든에서의 베팅 요령

예를 들어 한국 축구 대표팀과 독일 축구 대표팀이 월드컵에서 만났다면 여러분은 어느 팀이 이기리라고 생각하는가? 그리고 만약

내기를 하여 돈을 걸었을 때 한국이 이기면 건 금액의 5배를 주고 독일이 이기면 건 금액의 1/5을 준다고 가정한다면 여러분은 어느 쪽을 선택하겠는가?

1,000원 / 5,000원 / 10,000원 정도의 그리 크지 않은 금액을 건다면 아마도 대부분의 사람들이 한국의 승리 쪽에 돈을 걸 것이다. 하지만 5만원, 10만원을 넘어가는 큰 금액을 걸게 되는 경우라면 적지 않은 사람들이 독일의 승리에 돈을 걸지 않을까 생각해 본다.

조그만 금액을 걸 때에는 잃더라도 큰 부담이 없기 때문에 돈보다는 나라를 사랑하는 애국심이 우선하게 되지만, 금액이 커질수록 "축구시합에 돈을 거는데 애국심이 무슨 관계 있어? 내기는 내기고, 애국은 애국이지…"라는 식으로 내기와 애국은 별개의 문제로 돌려버리고 현실적인 생각을 먼저 하게 되기 때문이다.

그러나 금액이 얼마가 되건 상관없이 한국의 승리 쪽에 걸 사람도 분명 있을 것이다. 그랬을 때 이런 사람은 무슨 생각을 하고 있는 것일까? 너무도 애국심이 투철해서일까? 정말로 한국이 이긴다는 신념을 가지고 있어서일까?

아니면 어느 정도의 애국심과 함께 어렵더라도 좋은 배당을 노려보려는 도박사적 기질 때문일까? 그 속내가 무엇인지 알 수는 없지만 분명한 사실 한 가지는, 어찌되었건 그 생각 속에는 무리수와 가능성이 함께 들어 있다는 점이다.

　그렇기에 무리를 감수하면서라도 한국 승리 쪽에 거는 선택을 가지고 한마디로 단정해서 옳다, 그르다라고 결론지을 수는 없지만 나름대로의 의미는 가지고 있다고 생각한다.

　그랬을 때 그 의미를 '결과 여하를 떠나 그러한 선택 속에는 도전적이고 공격적인 기상이 깃들어 있다'라고 표현한다면 이것은 필자의 지나친 생각일까? 하지만 설혹 필자의 이러한 생각이 틀렸을지라도 너무나 안전만을 생각하여 약간의 무리수나 위험마저도 감수하지 않으려 한다면 이것 또한 올바른 선택은 아닐 것이다.

　우리의 인생이란 평생 동안 계속해서 평탄하고 안전한 길만 갈 수는 없다. 그렇기에 때로는 약간의 무리도 때로는 피할 수 없는 경쟁과 승부도 겪어야만 한다.

　다시 말해 인생을 살아가다 보면 위험부담이 있더라도 부딪쳐서 승부를 벌여야만 하는 경우가 반드시 생기며, 이때 그 위험부담이 두려워 승부를 피하는 사람은 결코 남보다 앞서 갈 수 없을 것이다.

　포커게임에서도 이러한 논리는 비슷하게 적용된다. 위험부담으로 인한 두려움 때문에 정상적인 플레이를 주저해서는 절대 강자가 될 수 없다.

다음 그림은 세븐오디 게임이며 6구 현재의 액면이다.

㉠은 필자의 친구로서 직장생활을 하고 있는 평범한 샐러리맨인 P씨였다.

그림에서 보듯 P씨는 6구에서 5가 떨어지며 스트레이트 메이드가 되었으며 ㉡은 6구 현재 액면상으로는 메이드가 나올 수 없는 상태이다.

이런 상황에서 6구째 베팅과 레이즈가 오갔는데 여러 가지 정황으로 미루어 볼 때 ⓒ의 패는 트리플이 거의 확실시되고 있었다.

그러면서 서로가 히든카드를 받게 되었는데…, ⓒ의 패가 트리플로 느껴지자 P씨는 약간 초조함을 느꼈지만 어차피 6구까지는 이기고 있었기에 '제발 히든에 뜨지만 마라'라고 기대하며 자신의 히든카드를 보는 둥 마는 둥 하며 히든에서 삥을 달고 나갔다.

그러자 열심히 자신의 히든카드를 쪼던 ⓒ은 마지막에 풀하우스를 못 떴는지 "아이고, 여기서 한 번 안 떠주네."라고 투덜거리며 삥 굿-을 외쳤다. 그러고 나서 서로가 패를 오픈하였는데 예상대로 ⓒ의 패는 J 트리플이었기에 P씨의 승리로 끝났다.

지금의 상황은 전혀 이상하거나 잘못된 플레이가 없는 것처럼 느껴지는 경우로서 포커게임에서 아주 흔하게 나타나는 케이스이다.

그렇다면 왜 필자가 아까운 지면을 써가며 이렇게 흔한 경우를 이야기한 것일까? 아마도 웬만한 수준에 올라 있는 독자라면 필자의 의도가 무엇인지 금방 느낄 수 있으리라고 생각한다. 그것은 바로 얼핏 보기에 전혀 문제점이 없는 것과 같은 이 일화에서 P씨는 큰 잘못을 저질렀다는 점이다. 즉, P씨는 히든카드에 베팅을 했어야 했다는 이야기이다. 지금부터 그 이유를 살펴보기로 하자.

P씨가 히든에 베팅을 하지 않고 삥을 단 것은 당연히 ⓒ이 풀하

우스를 뜰 것을 염려했기 때문이다. 누구라도 P씨와 같은 입장에 처하면 그런 생각을 가지게 되는 것은 어쩔 수 없는 일이다. 하지만 두려운 건 두려운 것이고 베팅은 해야 한다. 왜냐하면 P씨가 히든에 베팅을 하든, 안하든 어차피 ⓛ이 마지막에 풀하우스를 뜨면 P씨에게 돌아오는 금전적인 결과는 똑같기 때문이다. 무슨 의미인가 하면 히든카드에 ⓛ이 풀하우스를 떴다면,

ⓐ P씨가 베팅을 안하고 나가면 → ⓛ은 베팅을 할 것이고,
ⓑ P씨가 베팅을 하고 나가면 → ⓛ은 레이즈를 할 것이다.

여기서 우선 ⓐ의 경우를 보면, ⓛ이 베팅을 하더라도 P씨는 무조건 콜을 하는 상황이다. 이것은 포커를 하는 사람이라면 누구나가 똑같이 가지고 있는 마음가짐이라고 할 수 있다. 그리고 지금은 '지더라도 콜을 하는 상황'임에 틀림없다.

만약 여기서 콜을 하지 않는다면 그것은 한마디로 '포커가 아니다'라고 표현해도 좋을 정도다. 물론 정상급 수준의 고수라면 죽을 수도 있겠지만 그것은 논외로 하겠다.

그 다음 ⓑ의 경우를 보면, 여기서는 죽으면 된다. 즉, ⓛ이 공갈을 치는 것이 아닌 한 어차피 지는 것이기에 쓸데없는 미련을 가지지 말고 '이건 진 승부'라는 편안한 마음을 가지고 죽으면 된다는 것이다.

그렇다면 ⓐ의 상황에서 P씨가 죽지 않는 한, ⓐ나 ⓑ 어느 하나를

선택했더라도 P씨가 입는 경제적인 피해는 똑같은 상황이다.

차이가 있다면 그저 ⓑ의 경우에서 눈으로 직접 ⓛ의 패를 확인하지 못한 정도일 뿐이다. 하긴 ⓛ의 패를 확인하지 못한다는 것도 적지 않은 아쉬움이 되겠지만 이제는 그런 아쉬운 마음을 자제할 줄 알아야 한다.

이 같은 점을 생각했을 때 결국 ⓛ이 풀하우스를 뜬다면 P씨가 베팅을 하고 나가든, 뻥을 하든 그 차이는 눈으로 직접 ⓛ의 패를 확인하지 못한다는 것일 뿐 돈으로는 전혀 차이가 나지 않는다는 것을 알 수 있다.

여기서 무시할 수 없는 부분이 바로 'ⓛ에게서 공갈이 나올 수 있다'는 점이지만 그것은 서로에게 많은 위험이 따르고, 또 ⓛ이 정상급 수준의 고수가 아닌 한 쉽게 행동에 옮길 수 있는 일도 아니므로 그 부분에 대한 우려는 접어두어도 무방하다.

지금까지의 설명을 종합해 보면 ⓛ이 풀하우스를 떴을 때는 P씨가 베팅과 상관없이 금액적인 차이는 전혀 없는 것으로 나타났다.

그렇다면 이번에는 ⓛ이 풀하우스를 못 떴을 때를 생각해 보자.

ⓛ이 풀하우스를 못 뜨면 P씨가 이기는 것인데, 이때에는 베팅을 한 것과 뻥을 한 것과의 차이는 실로 엄청나다.

즉, ⓛ의 패가 트리플이라는 좋은 카드이기 때문에 ⓛ 역시 풀하우스를 못 뜨더라도 콜을 하고 확인하고픈 충동을 강하게 느낄 것이다. 여기에다 또 한 가지 P씨가 잊지 말아야 할 사실은 트리플에서 풀하우스를 뜰 확률이란 다섯 번 중 한 번밖에 안된다는 점이다. 다시 말해 다섯 번 중에서 네 번은 P씨가 칼자루를 잡고 ⓛ이 칼날을 잡게 된다는 의미이다.

이밖에도 히든에 베팅을 함으로써 얻을 수 있는 부가적인 효과가 또 있지만 그 부분에 대해서는 뒤에서 다시 설명하기로 하고 P씨의 일화에 관련된 이야기는 여기서 끝내도록 하겠다.

'히든에 베팅을 한다'는 것은 여러 가지 면에서 의미가 있다. 그 중 대표적인 것은 상대들로 하여금 6구째 따라오는 것을 부담스럽게 만든다는 점이다.

다시 말해서 히든에서는 웬만하면 베팅을 하지 않고 삥으로 마무리하는 습관을 가지고 있는 사람은 상대들로 하여금 '6구째만 받으면 히든에서는 싸게 확인할 수 있다'는 편안한 마음을 가지게 함으로써 쉽게 이길 수 있는 판을 어렵게 끌고 가는 경우가 자주 발생한다는 것이다. 그리고 이것이 자연히 역전의 빌미로 이어지는 법이다.

그리고 또 한 가지 히든에 베팅을 함으로써 얻을 수 있는 효과는 공갈의 성공률을 높일 수 있다는 점이다.

즉, 적당한 찬스를 잡아 6구째 공갈을 시도하면 상대들은 '히든에서도 베팅을 할 것이다'라는 부담감을 느끼게 되어 6구째에 기권하게 되는 효과를 기대할 수 있다.

이렇듯 히든에서 베팅을 하여 끝까지 상대를 괴롭히는 베팅 요령
은 여러 가지 면에서 효과가 나타나는 법이다.

하지만 아무리 그 효과가 높다고 해도 히든에서 매번 베팅을 할 수
는 없는 일이다. 그러면 어떤 상황에서는 베팅은 해야 하며(또는 베팅
을 할 가치가 있으며) 어떤 상황에서는 베팅을 하지 말아야 하는지에
대해 알아보도록 하자.

지금의 이 이야기는 6구까지는 여러분이 이기고 있는 상태에서
히든에 베팅을 할 것이냐, 말 것이냐를 결정하는 것을 의미한다. 즉,
히든카드에서 상대가 뜨면 여러분이 지고 상대가 못 뜨면 여러분이
이기게 되는 상황이라는 것이다.

이와 같은 상황이라면 여러분이 가장 먼저 관심을 가져야 할 부분
은 '상대가 6구에 어떤 카드를 가지고 있었느냐?'라는 점이다.

즉, 상대가 6구에서 포플러시로 따라온 것인지, 양방 스트레이트
로 따라온 것인지, 투페어로 따라온 것인지 혹은 트리플로 따라온
것인지를 최선을 다해 파악해야 한다는 것이다.

왜냐하면 상대가 6구째 어떤 카드를 가지고 따라왔느냐에 따라
서 여러분이 히든에서 베팅을 할 가치가 있는지 없는지가 결정되
기 때문이다.

물론 '상대가 히든카드를 뜨면 어떻게 해?'라는 중압감이 머리를
짓누르겠지만 그 확률이란 어느 모로 보든 크지 않은 가능성이다.
따라서 이러한 부담감 때문에 베팅을 주저한다면 구더기가 무서워

서 장을 못 담근다는 것과 다를 바 없다.

여러분에게 기회가 찾아왔을 때 상대를 최대한 괴롭히고 또 최대의 효과를 거두어들이는 것이 승리를 얻기 위한 지름길이며, 그렇게 하기 위해서는 히든에서 완벽한 패가 아니더라도 베팅을 할 줄아는 그런 배짱과 승부근성을 갖추어야 한다. 그리고 이 배짱과 승부근성이란 앞서 말했던 도전적이고 공격적인 마음가짐에서 비롯되는 것이다. 안전만을 생각하고 상대가 뜰지도 모른다는 위험부담을 두려워하여 정상적인 플레이를 펼치지 못하는 것은 오히려 결과적으로 여러분의 안전을 더 크게 위협하는 암적인 요소임을 잊어서는 안된다.

위험부담이 클수록 배당도 좋은 법이다. 그리고 위험부담이 없는 승부란 애시당초 있을 수도 없다.

마음속으로는 두렵더라도 그 두려움은 마음속으로만 느낄 뿐 그두려움으로 인해 올바른 선택을 놓쳐버리는 우를 다시는 범하지 말기를 바란다. 이 부분에 대한 올바른 대응책은 앞의 '히든에서도 베팅을 해야 한다' 단락을 참고하기 바란다.

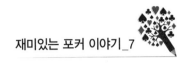

나는 신(神)이 아니다

우리나라에서는 포커라고 하면 세븐오디 또는 하이로우, 바둑이 등이 가장 많이 떠올린다. 하지만 포커의 본고장이라 불리는 미국에서는 포커라 하면 거의 모두 '텍사스 홀덤'을 의미한다. 그래서 라스베이거스의 카지노에 가면 포커게임 테이블이 많이 있는데 그중 90% 이상이 텍사스 홀덤 게임 테이블이다.

매년 세계 곳곳에서 열리는 포커대회는 거의 텍사스 홀덤으로 치러지고 있다. 이 중 1981년 세계 대회 결승전에서 나온 일화를 한 가지 소개한다.

미국 오클라호마 툴사시 출신의 프로갬블러로 1978년 WSOP - World Series Of Poker 우승자인 바비 볼드윈Bobby Baldwin은 당시 다른 8명의 플레이어에 비해 압도적인 리드를 하고 있었기 때문에 큰 이변이 없는 한 우승이 거의 확정적이었다.

그러나 게임 후반에 볼드윈은 연속 두 번이나 어이없는 큰 패배를 당한다. 두 판 모두 볼드윈의 상대가 이길 확률은 10분의 1도 안 되는 상황이었다. 상대는 리버(River, 히든카드)에서 어려운 확률을 뚫고 연속해서 좋은 패를 떴고, 결국 볼드윈은 우승컵을 놓치고 만다.

우승을 눈앞에 두고 마지막 순간에 역전패한 것이기에 볼드윈으로서는 너무나 아쉬운 승부였다. 게임이 끝난 후 기자들은 "눈앞에 있던 우승컵을 황당하게 놓쳐 버렸는데 지금 기분이 어떠냐?"며 이구동성으로 물었다. 그러자 볼드윈은 "후회는 없다. 승부사로서 그 상황에서 승부를 피한다는 것은 상상할 수 없었고 생각할 가치도 없다. 비록 오늘 이 게임에서 졌지만 나의 플레이가 잘못됐다고는 생각지 않는다. 그것은 실력으로 막을 수 있는 부분이 아니며 바로 그러한 점이 포커의 어려움이자 매력이다. 앞으로 같은 상황이 벌어져도 내 플레이는 변함이 없을 것이며 그때는 내가 이길 수 있기를 바랄 뿐이다. 왜냐하면 나는 신이 아니기에 다음번 카드가 무엇인지 알 수는 없기 때문이다."라는 유명한 말을 남기며 승부사의 자존심을 강조했다.

그 후 볼드윈에 대한 평가는 '그래도 우승이 중요했다'와 '승부사로서의 자존심이 멋있었다'라는 양쪽 견해로 나뉘어졌는데 우승컵보다는 승부사로서의 기질을 높게 평가하는 분위기가 훨씬 강했다.

결국 볼드윈은 우승컵을 놓쳤지만 이전보다 더 많은 주목을 받았고 화제의 인물로 떠올라 높은 인기를 누리게 됐다. 만약 여러분이 볼드윈과 같은 입장이라면 어떤 선택을 했겠는가?

어떤 때, 어떤 카드로 올인을 해야 할까?

　필자가 속칭 라인계의 마귀로 막 입문했을 무렵의 일이니 꽤 오래 전의 이야기다.

　일화 한 가지. 그날은 서울 서초동의 한 사무실에서 판이 벌어졌던 날이다. 멤버는 필자를 포함하여 총 여섯 명이었는데, 선수 한 명 한 명 모두가 나름대로 라인계에 명함을 걸어놓고 한가닥씩 한다는 자신감을 가지고 있는 만만치 않은 상대들이었다.

　그 중에서도 특히 '선글래스'라는 별명을 가지고 있던 S씨는 필자와 여러 차례 게임을 했었는데 웬지 다른 상대보다 훨씬 부담을 느끼게 하는 강적이었다. 그렇다고 해서 선글래스가 필자보다 월등하게 성적이 좋았던 것은 아니고, 그저 필자와 비슷비슷한 정도의 성적을 내고 있는 정도였다.

　그런데도 필자가 선글래스에게 부담을 느꼈던 이유는 필자와 꽤 많은 게임을 함께 해왔지만, 여태껏 단 한 번도 올인을 당했던 적이 없었기 때문이다. 즉, 아무리 고수라 할지라도 비슷한 수준의 고수들끼리 게임을 하다 보면 올인을 당하는 일은 얼마든지 일어나는 일인데도, 지금까지 한 번도 선글래스가 올인 당하는 것을 보지 못했다는 것이다.

그 사이 한두 번 올인 근처까지 갔던 적도 있었지만 그때마다 묘하게 일어서며 올인을 벗어나곤 했다. 이러한 이유 때문인지 필자는 선글래스에게 부담감과 경계심, 거기에 약간의 적대감까지 동시에 느끼고 있었다.

그날 역시 필자가 이런 생각을 느끼고 있는 가운데 게임이 시작되었다. 초반에는 여느 때와 마찬가지로 큰 승부가 벌어지지 않으며 1시간여가 지날 때까지 돈의 이동이 별로 없었다. 그러다가 1시간이 지나가면서 차츰 분위기가 고조되고 돈의 이동이 급박해지기 시작했다.

필자는 그때까지 그저 별로 잃지도 따지도 않은 본전 상태로 유지하고 있었는데 이날따라 선글래스는 패가 안 풀리는지 고전을 거듭하고 있었다. 선글래스가 고전하는 모습을 보자 필자는 괜히 기분이 좋아졌다. 필자의 입장에서는 선글래스를 강적으로 생각하고 있었기 때문에 거기서 생기는 묘한 경쟁의식으로 인해 선글래스의 고전을 지켜보며 즐거워했던 것이다.

하지만 아직은 게임 초반에 불과한 시점이었고 평소 선글래스의 실력을 감안할 때 선글래스가 이 상태로 힘없이 무너지리라고는 생각하지 않고 있었다.

그런데 이날은 시간이 지나도 좀체로 선글래스가 회복할 기미를 보이지 못하고 오히려 점점 더 피해액이 커지고 있었다. 그러면서 시간은 어느덧 4시간이 훌쩍 흘러가버렸는데 이쯤 되자 여간해서는 여유를 잃지 않던 선글래스의 표정에도 초조한 기미가 서서히 나타났다.

선글래스는 연신 고개를 갸우뚱거리며 이해할 수 없다는 듯 불편한 심기를 드러내고 있었지만 앞에 놓여 있는 돈은 점점 줄어만 갈 뿐 상황이 반전될 기미는 별로 보이지 않았다. 이러한 상황이 거의 변하지 않고 계속 이어지면서 결국 선글래스는 올인을 눈앞에 두는 상황까지 몰리게 되었다. 그래서 필자는 '오늘은 선글래스가 올인 당하는 모습을 한번 구경할 수 있겠구나'라고 생각하며 가능한 한 선글래스의 올인 순간을 필자가 장식해주고 싶은 충동을 느꼈다.
약간의 무리가 따르더라도 결코 마다하지 않겠다고 마음먹고 있었다. 그리고 이미 그 상황에서는 선글래스에게 남아 있던 돈이 몇 푼 안 되었기에 필자는 선글래스를 올인시킬 수 있다고 확신하고 있었다.
그런데 필자의 이런 확신과는 달리 선글래스는 좀처럼 올인을 당하지 않고 기막히게 빠져 나가고 있었다. 필자가 몇 번인가 '이번에는 끝났어' 장담하며 승부를 걸었지만 그때마다 선글래스는 마치 불사신처럼 일어섰다. 선글래스에게 이날은 불운한 날이었는지 결국 필자에게 결정타를 한 방 얻어맞으며 거의 재기불능한 상황으로 떨어지고 말았다.

필자에게 한 방 맞은 후, 선글래스 앞에 남아 있던 돈은 고작 00만 원뿐이었으니 누가 보든 상황은 끝난 것이었으며 필자 역시 속으로 '이제는 정말 끝났다'고 자신했다.

선글래스는 그 00만원을 가지고도 재기를 하려는 듯 패를 받자마 자 죽어가면서 올인 담글 찬스를 노리며 끈질기게 버티고 있었는데, 그 모습은 마치 바람 앞의 촛불처럼 위태위태한 상태였다.

그러나 벼랑 끝에 몰려 한 발자국도 움직이질 못할 만큼 절박한 상 태였는데도 선글래스는 올인을 당하지 않고 있었다. 말 그대로 고래 힘줄이었다. 필자는 '끈질기게 버티고 있지만, 그래 봐야 추한 모습 만 보일 뿐 도저히 재기할 수 없는 상태'라고 속단하며 즐거운 마음 으로 그 모습을 지켜보고 있었다.

그런데…, 이게 도대체 무슨 일인가? 선글래스가 찬스를 잡았다는 듯 올인을 담그며 연속 두 판을 먹었는데 순식간에 그 00만원이 꽤 불어나버린 것이었다. 그리고는 몇 판인가 쉬더니 또 한 판을 먹으 며 잠깐 사이에 000만원을 만들면서 다시 일어서고 있었다.

필자가 '어…, 어…' 하며 놀라는 짧은 순간에 도저히 믿어지지 않 는 일이 눈앞에서 벌어지고 있었다.

상황이 이렇게 급변하자 필자는 안절부절하기 시작했다. 그 당시 에 필자는 적지 않은 금액을 따고 있었기에 선글래스가 올인을 담 그든, 재기를 하든, 그건 필자가 크게 신경쓸 부분이 아니었다. 물론, 선글래스가 올인 담그는 모습을 보고 싶은 마음이야 강하게 느끼고 있었지만, 그것 때문에 무리하여 게임을 그르치거나 페이스가 흔들릴 하등의 이유가 없었다는 것이다.

그러나 그날따라 필자는 선글래스를 올인시키려는 데 이상하리만치 집착하고 있었다. 이미 선글래스는 위험한 고비를 넘기고 안정권으로 들어서고 있었는데도 말이다.

급기야 필자는 조금씩 무리한 플레이를 남발하였으며, 이러한 필자의 어리석은 행동을 비웃기라도 하듯 선글래스는 점점 더 회복하고 있었다. 결국 시간이 다되어 그날의 게임이 끝날 즈음에는 상황이 엄청나게 변해 있었다. 게임 중반에 몇 번이나 지옥 문턱에서 죽을 고비를 넘기던 선글래스가 그날의 최고 승자가 되어버린 것이다. 거기에 필자는 꽤 땄던 돈을 모두 날려버리고 본전에서도 한참 더 잃어버린 참패를 기록하고 말았다.

즉, 선글래스는 00만원밖에 남지 않은 절체절명의 위기를 극복하고 그날의 최고 승자가 되는 기적을 연출한 것이다.

게임이 끝난 후 필자는 승부사로서 절대로 가져서는 안 될 쓸데없는 감정 때문에 게임을 망친 스스로를 자책하였지만, 그것 못지않게 아주 중요한 사실을 한 가지 깨우쳤다. 그것은 바로 그날 선글래스가 보여준 끈기와 '올인을 담그는 시기와 방법'에 관한 깨달음이었다.

고수와 하수는 올인을 담그는 순간에도 많은 차이가 생긴다. 하수는 가지고 있던 돈을 거의 다 잃고 올인의 위기에 처하면 '에이, 다 담그고 일어서자'라는 식으로 반쯤 자포자기하는 심정이 되어 올인을 담가버리지만, 지금의 일화에서도 잘 나타나고 있듯이 고수는 분명 다르다. 즉, 고수는 아무리 절박한 상황에서도 포기하지 않고 재기하려 몸부림친다는 것이다. 물론 그렇다고 해서 지금의 일화와 같은 그런 기적이 자주 나오지는 않지만, 끈질기게 버텨 재기를 하든지 못하든지 끝까지 포기하지 않는 그 마음가짐만은 승부사라면 반드시 본받아야 한다. 아니, 비단 승부사뿐만이 아니라 인생을 살아가는 누구라도 새겨두어야 할 마음가짐이다.

앞서도 얘기했지만 고수와 하수는 올인을 담그는 모습에서도 분명 차이가 난다. 하수는 쉽게 올인을 담그고 일어서지만, 고수는 비록 올인을 당할 때 당하더라도 고래 힘줄처럼 질기다.

고수라고 해서 올인을 담그는 순간에 특별히 카드가 잘 떨어지는 것도 아닐 텐데 질기게 버틸 수 있는 이유는 과연 무엇일까? 바로 조금 전에 언급했던 마음가짐의 차이, 그리고 또 한 가지 올인 담그는 시기를 잘 선택할 수 있는 능력의 차이 때문이다.

다시 말해 고수는 어떤 상황에서 어떤 카드를 가지고 올인을 담그고 마지막 승부를 노려야 하는지를 정확히 알고 있지만, 하수는 그런 능력을 못 가지고 있다는 차이점이다. 고수는 올인의 위기에 몰리더라도 끈질기게 버티면서 간혹 재기를 하기도 하지만, 하수는 거의 예외 없이 쉽게 무너지고 만다는 것이다.

포커게임을 하다 보면 누구라도 올인의 위기에 처하는 경험을 겪게 된다. 그렇기에 한 수 더 높은 고수가 되기 위해서는 반드시 어떤 카드를 가지고 올인을 담가야 하는지를 알아두어야만 한다.

그렇다면 과연 어떤 카드를 가지고 있을 때가 올인을 담글 좋은 찬스인지, 반대로 어떤 카드를 가지고 있을 때는 올인을 담그지 말아야 할지에 대해 알아보도록 하자.

올인 상황이 가까워질수록 제일 먼저 해야 할 일은 웬만한 카드로는 4구에서 무조건 꺾고 확실한 패가 들어올 때까지 기다리며 최대한 돈을 아껴야 한다.

◆ 웬만한 카드의 의미

   – 4구에 플러시 3장(탑이 A-K라도 다를 바 없다)

   – 4구에 빵꾸 스트레이트

   – 4구에 낮은 원페어

   – 4구에 플러시 3장 + 스트레이트 3장

대략 이 정도를 의미한다. 이러한 카드를 가지고 있을 때라면 무조건 4구에서 카드를 꺾어야 한다.

반대로 올인을 담고 승부를 걸어야 하는 카드는 4구에서 하이 원페어를 가지고 있을 때이다. 물론 하이 원페어보다 더 높은 족보를 가지고 있을 때라면 더욱 당연하다. 무조건 4구에서 하이 원페어(또는 그 이상)를 가지고 있을 때를 올인 담글 찬스로 잡으라는 것이다. 그리고 4구 포플러시와 4구 양방 스트레이트 역시 올인을 담그고 승부를 걸어야 하는 카드임에 틀림없지만 이같은 경우는 무조건 그렇게 해야 한다고까지 강력하게 주장하고 싶지는 않다.

즉, 4구 포플러시와 4구 양방 스트레이트 역시 아주 좋은 카드이긴 하지만 올인을 담글 때라면 하이 원페어 쪽이 더 유력하다는 의미이다. 4구 하이 원페어는 특별한 경우가 아니라면 일단 4구에서는 이기고 있는 상태라고 볼 수 있다. 따라서 이기고 있는 상태에서 올인을 담그고 승부를 걸라는 것이다.

그러나 4구 포플러시나 양방 스트레이트는 상당히 좋은 카드임에는 틀림없지만, 어찌되었건 떠야 이기는 카드이다.

거기에다가 떠도 100% 이긴다고 보장할 수 없다는 점까지 감안한다면 그럴 바에는 이기고 있을 때 승부를 거는 쪽이 조금이라도 승률이 높아지지 않겠느냐는 것이다.

그러므로 4구 포플러시와 양방 스트레이트의 경우는 충분히 올인을 담그고 승부를 걸어 볼 만한 카드라는 점만을 분명히 밝히고 그 판단은 여러분에게 맡기겠다.

한 가지 유의할 점은 올인을 담글 때는 가능하면 4구에 레이즈를 하여 판을 키우라는 점이다. 판을 키움으로써 어정쩡한 상대들을 잘라 상대의 숫자를 줄이라는 것이다. 4구째 하이 원페어를 가지고 승부를 걸 때는 상대의 수를 줄일수록 승산이 많아지기 때문이다.

그러나 4구에 포플러시나 양방 스트레이트로 올인을 담글 경우에는 절대 레이즈를 해서는 안된다는 점도 아울러 알아두어야 한다.

지금까지 올인을 담그는 카드와 방법에 대해 몇 가지 얘기를 했지만, 결국 결론은 올인을 담가야 하는 시기가 다가오면 웬만한 카드로는 무조건 4구에서 꺾으면서 최대한 돈을 아껴 4구에 하이 원페어(또는 그 이상)가 들어왔을 때 과감하게 레이즈를 시도하며 승부를 걸라는 것으로 요약할 수 있다.

레이즈의 득과 실
(4구, 5구에서의 레이즈 운영법)

포커게임을 하다 보면 판에 있는지, 없는지조차 느껴지지 않을 정도로 특징도 없이 조용히 게임을 하고 있는 사람이 간혹 눈에 띈다.

거의 레이즈를 하는 법이 없이 콜만 하며 따라 다니다가 어느 사이엔가 올인을 당하고 마는 그런 스타일의 사람이다. 이런 스타일의 사람은 게임이 끝날 때까지 시원한 레이즈 한번 못 해보고 그저 언제 잃는지도 모르게 다 잃어버리는 경우가 허다하다.

포커게임에서 이기고 지는 것은 누구나 겪는 일이므로 승패에 지나치게 연연할 필요는 없다. 그렇기에 비록 돈을 잃은 날이라도 자신이 해보고 싶은 대로 멋지게 플레이를 해본 날이라면 그나마 패배의 아쉬움을 조금은 달랠 수 있을 것이다.

하지만 베팅이나 레이즈 한번 제대로 해보지도 못하고 끌려다니기만 하다가 무기력하게 패배하게 된다면 이것은 아무런 위안거리를 찾을 수가 없다. 말 못할 아쉬움만 남을 뿐이다.

이러한 패배야말로 포커게임을 하는 사람들에게 결코 있어서는 안 될 가장 좋지 않은 패배의 대표적 케이스이다. 이런 스타일의 패배는 실력 부족뿐만 아니라 근본적인 마음가짐에서부터 져 있는 것이기 때문이다. 포커게임에서 레이즈를 하지 못한다는 것은 어느 면에서 보든 자신감의 결여로부터 나타나는 현상이다. 또 그만큼 실력이 부족하다는 뜻이기도 하다.

물론 아무리 포커를 못하는 하수들이라도 K풀하우스, A풀하우스 등과 같은 완벽한 패를 가지고 있을 때는 레이즈를 한다. 하지만 여기서 이야기하고자 하는 것은 완벽한 패를 가지고 있을 때 하는 그런 레이즈가 아니다.

포커게임을 하다 보면 완벽한 패를 가지고 있지 않더라도 충분히

레이즈를 해볼 가치가 있거나 또는 반드시 레이즈를 해야 할 상황이 참으로 많다.

그런데 대부분의 하수들은 수없이 찾아오는 좋은 레이즈 찬스를 당연한 듯 흘려버리고 그저 완벽한 패가 들어오기 전까지는 레이즈 하려는 생각을 갖지 않는다.

그렇지만 완벽한 패를 가지고 레이즈를 할 찬스란 쉽게 오지 않는다. 기껏해야 하루에 두세 번, 심지어는 밤새도록 그런 기회가 한 번도 찾아오지 않을 때도 있는 법이다. 그래서 하수들은 밤새 '레이즈!' 소리 한번 제대로 못해 보고 코 꿰인 소가 도살장 끌려가듯 질질 끌려 다니기만 하다가 무기력하게 올인을 당하게 되는 것이다.

◆ 포커게임에서 레이즈의 효과

① 어느 정도 승산이 있다고 느낄 경우 판을 키우기 위한 의도

② 응수타진(應手打診)

③ 판을 흔들려는 의도

④ 썩은 가지를 쳐내기 위한 의도(상대의 숫자를 줄이려고 할 때)

⑤ 밑밥효과

이러한 다섯 가지 의도 중 보통 두세 가지 정도의 목적을 가지고 있다고 할 수 있다. 그랬을 때 ①~⑤까지의 어떤 의도로 레이즈를 하였든 각각의 케이스마다 나름대로의 효과가 있는 것은 분명한

사실이다.

일반적으로 하수들은 어떤 판에서 레이즈를 하였다가 그 판을 이기지 못했을 경우 '아, 쓸데없는 짓을 해서 손해만 봤구나'라며 오직 그 판의 승패에만 관심을 가질 뿐, 그 이외의 부분에는 별다른 의미를 두지 않는다.

하지만 게임 도중에 왔다갔다하며 주고받는 레이즈는 단지 그 판의 승패를 떠나서도 상당히 많은 의미를 가지고 있다는 사실을 알아야 한다.

즉, 게임 중에 레이즈를 자주 한다는 것은 상대에게 부담을 느끼게 한다든지, 자신의 패를 읽기 어렵게 만든다든지, 상대가 레이즈를 겁내 베팅을 하고 나오지 못하게 한다든지, 완벽한 패를 가지고만 레이즈를 하는 것이 아니기에 진짜로 좋은 패를 잡았을 때 큰 효과를 올릴 수 있다든지, 공갈의 찬스로 이용한다든지, 혹은 레이즈의 횟수를 조절함으로써 상대가 자신의 스타일을 판단하는 데 혼란을 준다든지… 등등 아주 헤아릴 수 없을 만큼 여러 의미를 가지고 있다는 것이다.

여러분들은 지금의 이 이야기를 피부로 절감하고 반드시 그 의미를 깨우쳐야 한다. 그렇지 않고서는 포커게임에서 남들보다 앞서 나갈 수가 없기 때문이다.

특히 지금 열거했던 이러한 것들보다 더욱 중요한 의미는 게임 중에 레이즈를 많이 하는 사람일수록 게임의 주도권을 잡을 수 있게 된다는 점이다.

물론 그렇다고 해서 시도 때도 없이 레이즈를 많이 하는 것이 유력한 방법이라는 이야기는 절대로 아니다. 단지 자신에게 레이즈를 할 수 있는 찬스가 왔을 때는 주저하지 말고 레이즈를 할 줄 알아야 한다는 것이다(※'레이즈를 할 찬스'에 대해서는 이 단락의 끝부분에서 간략히 설명하도록 하겠다).

포커게임을 하다 보면 "내가 먹을 때는 왜 이렇게 장사가 안되는 거야?"라는 푸념을 자주 듣게 된다. 그렇다면 이런 푸념을 하게 되는 원인은 무엇일까? 초이스의 잘못, 판단 착오, 어쩔 수 없는 불운 등등 그 원인이야 여러 가지가 있겠지만, 그 중 가장 큰 원인은 판을 주도하여 리드하지 못하고 끌려 다니기 때문이라고 할 수 있다.

즉, 판을 주도하며 리드하는 사람은 자신이 좋을 때는 판을 키우고, 그렇지 않을 때는 죽거나 조용히 따라가면서 큰 승부를 만들지 않기에 이길 때는 큰 판을 만들어서 먹고, 질 때는 별 피해 없이 마무리하게 된다는 것이다.

그러나 끌려다니는 사람은 자신의 패가 어느 정도 이상의 가능성이 있어도 레이즈를 하여 판을 키우지 않고, 그저 하염없이 완벽한 패가 들어오기만을 기다려 레이즈를 하려고 하니 큰 판을 맛보기가 어려워진다.

이것이 바로 게임을 주도하며 리드하는 사람과 끌려다니는 사람의 엄청난 차이점이며, 끌려 다니는 사람들이 "내가 먹을 때는 왜 이렇게 장사가 안되는 거야?"라고 푸념하게 되는 원인이다.

필자는 4구, 5구째에 레이즈를 자주 하는 사람일수록 고수일 가능성이 높다고 생각한다. 여기서 '고수이다'라고 단언하지 않고 '고수일 가능성이 높다'고 표현한 것은 가끔 시도 때도 없이 그저 "나오면 빠꾸다…."라며 거의 감정적으로 레이즈를 일삼는 사람들도 있기 때문에 이러한 사람들까지 고수라고 할 수는 없기 때문이다.

이러한 스타일의 사람들 때문에 '레이즈를 많이 할수록 고수'라고 말할 수는 없겠지만, '레이즈를 하지 않을수록 하수'라고는 단언할 수 있다.

다시 말해 어떠한 경우를 막론하고 포커게임을 할 때 레이즈가 거의 없는 사람은 '무조건 하수'라고 단정할 수 있다. 그리고 레이즈가 거의 없는 사람이란 '항상 콜을 하며 끌려다니는 사람'을 의미한다.

그렇다면 과연 왜 하수들은 완벽한 패를 가지고 있지 않은 한 레이즈를 하지 못하고 끌려다니는 게임을 하는 것일까?

카인테리어를 하고 있는 A모씨는 "확실치 않으니까 불안해서…."라는 한마디로서 그 이유를 밝혔다. 앞의 '레이즈를 한 판에서 반드시 이겨야 한다는 생각을 버려라' 단락에서도 언급했듯이 하수들은 자신이 레이즈를 한 판은 반드시 먹어야 한다는 강박관념을 가지고 있기 때문이다.

A씨가 하는 말을 필자가 이해하지 못하는 것은 아니지만 이러한 A씨의 생각은 하나만 알고 둘은 모르는 단순한 생각이다.

완벽하지 않은 패를 가지고 그 가능성만을 믿고 레이즈를 한다는 것은 레이즈를 하는 사람의 입장에서도 분명 위험부담이 따르는 모험이다. 그렇기에 누구든 어느 정도의 불안감을 느끼게 되는 것은 당연한 일이라고 할 수 있다.

그렇다면 레이즈를 맞은 사람의 기분은 어떨까? 레이즈를 맞은 사람은 '이게 웬일이냐?'라며 즐거워하고 있을까? 물론 극단적으로는 그런 경우도 있을 수 있다.

하지만 거의 대부분의 경우, 레이즈를 한 사람이 느끼는 불안감보다 레이즈를 맞은 사람이 느끼는 불안감과 중압감이 최소한 2배 이상 크다는 사실을 알아야 한다.

즉, 레이즈를 맞은 사람은 레이즈를 한 사람보다 몇 배 더 괴롭고 고통스럽다는 것이다. 당연하지 않겠는가? 최후의 결과가 어찌 나오든 게임 도중에는 일단 레이즈를 하는 쪽은 강자이고, 레이즈를 맞는 쪽은 약자가 되는 것이 포커게임의 생리인데 어찌 레이즈를 맞은 사람이 불안감을 덜 느끼겠는가?

그런데도 이러한 불안감 때문에 레이즈 찬스를 계속 흘려 보내고 완벽한 찬스가 오기만 기다린다면(완벽한 찬스란 어차피 자주 오는 것이 아니므로) 이제는 필연적으로 여러분은 레이즈를 맞는 괴로운 입장에서 게임을 할 수밖에 없게 된다.

그랬을 때 결국 이러한 현상은 당연히 좋지 않은 결과로 이어진다. 4구, 5구, 6구 어느 때든 여러분이 완벽하지 않은 패를 가지고 레이즈를 하면 여러분 스스로도 괴롭고 불안하지만, 레이즈를 맞는 상대방은 훨씬 더 괴롭고 고통스럽다는 사실을 한시도 잊어서는 안된다.

그리고 필자가 '4구, 5구째에 가능하면 레이즈를 자주 하며 끌려다니는 게임을 하지 말라'고 주장하는 것은 또 한 가지 큰 이유가 있다.

4구, 5구째의 레이즈는 금액적으로 큰 /부담을 느끼지 않을 정도의 작은 금액으로서 그 판이 끝날 때까지 계속 게임의 주도권을 가질 수 있는 큰 효과를 얻을 수 있다는 점이다.

무슨 의미인가 하면 6구, 7구째에 레이즈를 한다는 것은 이미 판에 불이 붙어 있는 상태이기 때문에 금액적으로 큰 부담을 느끼게 되지만, 4구, 5구째는 레이즈를 한다 해도 그리 큰 금액이 아니라는 것이다. 거기에 4구, 5구부터 일찍이 강한 모습을 보인다는 것은 충분히 그 판을 주도할 수 있는 이점까지 어느 정도 보장받을 수 있다.

더욱이 만약 그 판에서 여러분이 승리할 수만 있다면 4구 또는 5구째에 레이즈를 하면 투자해 놓은 조그만 금액의 몇십 배, 몇백 배에 달하는 엄청난 부가가치를 얻을 수도 있다.

그렇다면 이러한 여러 가지 면을 감안했을 때 4구, 5구째에 레이즈를 하는 것은 그 가치를 충분히 인정할 만하지 않은가?

그리고 설혹 4구, 5구째에 여러분이 레이즈를 하며 판을 주도하는 플레이를 벌이다가 패배하는 한이 있더라도 그저 레이즈 한번 제대로 못 해보고 시종일관 무기력하게 질질 끌려다니다가 언제 잃었는지도 모르게 올인을 당하는 것보다야 훨씬 덜 원통하리라 생각한다.

이후로는 비록 잃을 때 잃더라도 무기력하게 끌려다니는 스타일로 일관하며 소리 없이 사라지는 그런 식의 패배를 당해서는 안된다. 이것은 싸움터에 나선 장수가 칼 한번 제대로 휘둘러보지도 못하고 패배하는 것과 다를 바 없는 일임을 명심해야 한다.

4구째에 레이즈를 해볼 만한(또는 반드시 해야 할) 카드	
① 4구 하이 원페어	④ 4구 양방 스트레이트
② 4구 하이 투페어	⑤ 4구 낮은 투페어
③ 4구 낮은 원페어	

대략 이 다섯 가지 정도라고 하겠다. 여기서 유의할 점은 4구 포플러시일 경우에는 레이즈를 해서는 안 된다는 사실이다. 그러면 각각의 경우에 대해 간략하게 부연설명을 하도록 하겠다.

4구 하이 원페어일 경우

지금의 경우에는 자신의 액면에 따라 레이즈를 해야 할 때와 아닐 때로 구분할 수 있다. 아래의 그림을 보자(모두가 4구에서 K원페어일 경우이며, 단지 액면이 다를 뿐이다).

① 4구 K원페어인데 액면이 이런 상태라면 레이즈를 할 수 있는 찬스이다.

② 이와 같은 액면이라면 손 안에 K 2장을 감추고 있는 상태이므로 당연히 레이즈를 할 수 있는 찬스이다.

③ 이런 액면이라면 전력이 완전히 노출된 상태이므로 레이즈를 하지 말아야 한다. 물론, 공갈의 찬스로 이용할 수도 있으나 위험부담이 크다.

4구 하이 투페어일 경우

지금도 역시 액면에 따라 레이즈를 해야 할 때와 아닐 때로 구분할 수 있다(모두가 4구 현재 K-6투페어일 경우이며, 단지 액면이 다를 뿐이다).

① 레이즈를 할 수 있는 찬스이다.

② 레이즈를 할 수 있는 찬스이다.

③ 레이즈를 할 수도 있고 안할 수도 있겠으나 필자라면 하지 않는 쪽을 권하고 싶다.

4구 낮은 원페어일 경우

지금의 경우는 약간 무리라고도 할 수 있다. 하지만 경우에 따라서는 충분히 4구에 레이즈를 할 수 있는 카드이다. 예를 들어 4구 현재 여러분이 5원페어인데,

① 상대들의 액면으로 5가 한 장도 안 빠져 있고,

② 여러분이 가지고 있는 나머지 2장 중 최소한 1장 이상이 K, A등의 하이 카드일 경우

이러한 두 가지 조건을 갖춘 경우라면 얼마든지 레이즈를 해볼 수 있는 찬스라고 생각해도 좋다.

4구 양방 스트레이트일 경우

이때는 여러분의 액면에 전혀 상관없이 레이즈를 해볼 수 있는 찬스이다.

4구 낮은 투페어일 경우

이때 역시 충분히 레이즈를 할 수 있는 찬스이다. 하지만 여러분의 액면이 페어로 깔려 있지 않는 상태가 더욱 좋은 레이즈 찬스이다.

 ## 상대의 레이즈를 겁내지 마라

야구경기를 보면 투수가 홈런이나 안타를 맞지 않으려고 정면 승부를 피하다가 타자를 포볼로 출루시켜 더 큰 위기를 자초하는 경우를 자주 보게 된다. 물론 경우에 따라서 이런 선택이 유력한 작전으로 효과를 발휘할 수도 있다. 하지만 작전에 의한 선택이 아니라 단지 홈런이나 안타를 맞는 두려움을 피하기 위한 것이라면 이러한 투수는 결코 훌륭한 투수라고 할 수 없다. 미리부터 상대에게 겁을 먹고 도망가는 것이나 마찬가지이기 때문이다.

그렇기에 좋은 투수가 되기 위해서는 '칠 수 있으면 어디 한번 쳐봐라'라는 식의 배짱과 자신감을 반드시 갖추어야 한다. 비록 홈런을 맞을 땐 맞는 한이 있더라도 그것을 미리부터 두려워해서는 안 된다는 뜻이다.

이러한 현상은 포커게임에서도 똑같이 발생한다.

상대에게서 레이즈가 날아올 것이 두려워 베팅을 해야 할 찬스에서 베팅을 하지 못하는 것이 바로 그런 현상이다. 포커게임에서 상대의 레이즈가 겁나 베팅을 못 하는 것, 이 현상은 하수들이라면 단 한 명도 예외 없이 가지고 있는 고질병이라고 해도 과언이 아니다.

그러나 고수들은 이 점에서도 분명 다르다. 그렇다면 고수들은 왜 그럴까? 그들은 두려움을 느끼지 않는 불감증에라도 걸렸기 때문일까?

그건 아니다. 고수들 역시 사람인 이상 하수들과 마찬가지로 레이즈에 대한 두려움을 느낀다. 아니 어쩌면 고수들일수록 레이즈에 대한 두려움을 더 크게 느끼고 있다고 하는 것이 정확한 말인지도 모른다. 그러나 단지 고수와 하수의 차이는 고수들은 상대의 레이즈를 두려워할지언정, 그 두려움 때문에 베팅을 못 하지는 않는다는 점이다.

즉, 고수들은 상대의 레이즈가 부담스럽고 겁이 나더라도 그로 인해 베팅 찬스에서 베팅을 하지 않고 승부를 피하는 그런 우를 범하지 않는다는 것이다.

달리 표현하면 고수든 하수든 부담감과 두려움을 느끼는 점에서는 똑같지만 그 두려움을 받아들이는 마음가짐에서는 큰 차이가 있다는 의미이다. 하수는 그 두려움을 피하는 것으로 해결책을 찾으려는 반면 고수는 피하지 않는다는 것, 이것이 바로 고수와 하수의 큰 차이점이다.

그렇다고 해서 베팅 찬스가 왔을 때 재차 레이즈를 맞든 안 맞든 언제나 베팅을 하고 나가는 게 정답이고, 베팅을 하지 않는 것은 항상 잘못된 선택이라는 말은 절대 아니다. 베팅을 하지 않는 것이 더 정확한 운영인 경우도 얼마든지 있다.

따라서 여러 가지 상황을 고려해서 베팅을 하지 않는 것이 유리하다고 판단된다면 베팅을 하지 말아야 함은 당연하다. 하지만 상대에게서 레이즈가 날아올지도 모른다는 이유만으로 베팅 찬스를 놓치는 것은 너무도 소극적인 마음가짐임을 깨달아야 한다.

상대의 레이즈가 겁나서 하고 싶은 베팅을 못한다면, 이것이야말로 투수가 안타나 홈런을 맞는 게 두려워 타자를 포볼로 내보내는 것과 무엇이 다르겠는가?

야구경기에서도 홈런 한 방 맞았다고 다 지는 것이 아니다. 마찬가지로 포커게임에서도 베팅을 하고 나갔다가 레이즈를 맞아 그 판에서 졌다 한들, 그 판은 그야말로 밤새도록 수없이 벌어지는 판 중 단지 한 판에 불과할 뿐이다.

그렇기에 한 방의 홈런, 한 판의 패배는 두려워할 필요가 없다. 여러분이 진정 두려워해야 할 것은 홈런이나 레이즈를 맞을 부담감으로 인해 미리부터 상대에게 지고 들어가는 나약한 마음가짐임을 명심해야 한다. 한 방의 홈런이나 한 판의 패배는 그 순간의 패배일 뿐이지만 마음가짐의 패배는 영원한 패배를 의미하기 때문이다.

지금은 이미 소식이 끊어진 지 오래되었지만 10여 년 전 우리나라 라인계를 풍미했던 서울 구의동의 P씨.

당시 P씨는 라인계에서 몇 손가락에 꼽힐 정도로 초일류 실력자인 동시에 깨끗한 매너와 화끈한 성격으로 소문난 인물이었다. 필자보다 다섯 살 가량 연상이었으며 아주 친한 사이였다.

인상은 그리 좋은 편이라고 할 정도는 아니었지만, 원래 포커판에서는 포커를 잘 치는 사람이 가장 멋있게 보이는 법이기에 그것으로 인상의 핸디캡을 커버하고 라인계에서 비교적 좋은 평판을 듣고 있었다.

P씨에 관한 일화 한 가지.

서울 강남의 모 하우스에서 게임이 벌어졌던 날이다.

멤버는 총 여섯 명이었는데 P씨를 제외한 나머지 멤버들 역시 한결같이 라인계에서는 일당백의 실력을 가진 일류들이었다. 이 당시에는 필자와 P씨가 동업자의 관계에 있었기에 필자는 게임에 직접 참여하지는 않았다.

여기서 동업자라고 하는 것은 P씨의 승리가 곧 필자의 승리를, P씨의 패배가 곧 필자의 패배를 의미하는 관계로서 보통 '동패'라고 표현한다.

그랬기에 필자는 뒤에서 지켜보며 P씨의 승리를 기대해야 하는 상황이었다. 이날 게임을 벌이는 여섯 명의 멤버는 서로가 조금씩 안면이 있는 사이였고, 이미 수차에 걸쳐 게임을 해봤던 경험이 있었기에 멤버가 모두 모이자마자 서로가 약속이나 한 듯 일제히 주머니에서 돈을 꺼내놓고 게임으로 들어갔다.

그리고는 초반부터 열기를 뿜어내고 있었는데 필자는 뒤에서 지켜보고 있는데도 스릴 만점이었다. 그것은 게임에 직접 참여했을 때 느끼는 감정과는 또 다른 새로운 느낌이었다. 필자는 묘한 전율을 느끼며 마음속으로 P씨를 열렬히 응원하고 있었는데, P씨는 이러한 나의 응원에 보답이라도 하듯 처음부터 좋은 성적을 거두며 앞서가고 있었다.

하긴 멤버들 모두가 일류 선수들이긴 해도 P씨의 실력이 다른 멤버들보다 한 사이즈 정도는 위였기에 P씨가 좋은 성적을 거두리라는 것은 어느 정도 예견된 일이기도 했다.

그만큼 P씨의 실력은 탁월했다. 하지만 P씨가 아무리 뛰어난 고수라고 하더라도 뒤에서 지켜보는 필자의 마음은 결코 편안할 수가 없는 법이다.

마치 운전을 할 줄 아는 사람이 남의 차를 타고 갈 때, 지나치게 과속하는 모습을 보면 자신도 모르게 오른발에 힘을 주며 불안감을 느끼는 것과 비슷한 기분이라고 할 수 있다. 운전하는 사람이 아무리 운전의 도사라 한들 옆에 앉은 사람이 본능적으로 느끼는 불안감은 사라지지 않는 것처럼 말이다. 이러한 심정이 바로 당시 필자의 심정이었다. P씨의 실력에 대한 믿음이 부족해서가 아니라, 필자 역시 포커를 할 줄 아는 사람으로서 본능적으로 느끼는 그런 불안감이었다.

그런데…, 이런 불안감이 현실로 드러나고 있었으니.

게임이 시작된 지 약 4시간가량 지났을 때까지 P씨는 다른 상대들을 계속 압도하며 발군의 성적으로 1위를 기록하고 있었다. 게임 시간이 8시간이었으니 반환점을 막 돈 시점이었다.

그래서 필자는 조금씩 마음을 놓으며 즐거워하기 시작했는데 바로 그 순간 필자의 머리카락이 곤두서는 상황이 벌어진다.

다음 페이지의 그림은 4구 현재의 액면이다(편의상 네 명의 액면만 표기한다).

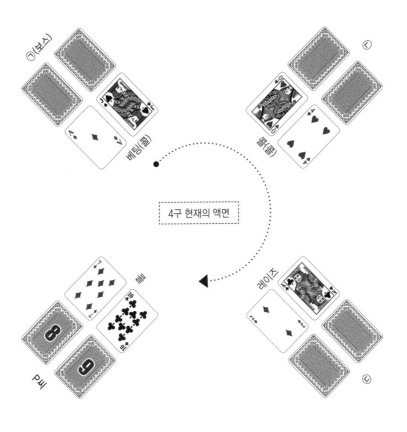

위 그림에서 보듯 P씨는 4구 현재 '7-8-9-10'으로 4구 양방 스트레이트이다. ㉠, ㉡, ㉢은 현재로서는 무슨 패인지 전혀 알 수가 없다.

이런 상황에서 보스인 ㉠이 베팅을 하고 나왔다.

ⓛ은 여유 있게 콜, 순간 P씨는 속으로 '레이즈 찬스'라고 생각하며 ⓒ이 콜을 하든 죽든 레이즈를 치려고 굳게 마음먹고 있었다. 그런데 느닷없이 ⓒ이 먼저 레이즈를 하는 것이 아닌가? 예기치 못했던 상황에 P씨는 잠시 당황했지만 곧이어 고개를 끄덕끄덕하고는 레이즈하려던 당초의 생각을 바꾸어 콜만 했다.

뒤이어 ⓐ도 콜, ⓛ도 콜. 그리고 나서 5구째 카드가 떨어졌다.

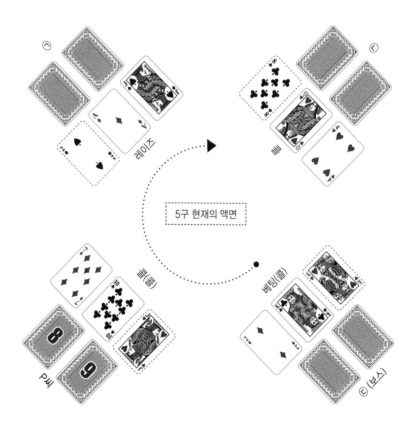

5구 현재의 액면

P씨에게 J가 떨어지며 바로 스트레이트 메이드가 되었다. ⊙과 ⓒ에게는 별 볼일 없는 패가 떨어진 것 같았고, ⓒ에게는 K가 떨어지며 액면으로 K원페어가 되었다.

이런 상황에서 보스인 ⓒ이 먼저 베팅을 하고 나왔다. P씨는 레이즈를 하고 싶은 마음이 굴뚝같았지만 뒷집을 모서 가기 위해 콜만 하고 6구째에 레이즈를 하려고 마음먹었다. 그런데 이건 또 웬일인가?

이번에는 ⊙쪽에서 레이즈를 하는 것이었다. 순간 P씨는 ⊙의 패를 천천히 살펴보았다. P씨는 ⊙의 패를 A원페어, A투페어, 포플러시 정도로 생각했다. 물론 트리플도 충분히 나올수 있는 상황이었지만, 평소 ⊙의 게임 스타일과 여러가지 분위기들을 감안했을 때 트리플은 아닌 것 같다고 판단한 것이다. 그러나 지금은 초일류들의 승부였기에 어떤 패가 나올지 정확하게 예측하기는 애초부터 쉽지 않은 일이다.

그러자 ⓒ은 잠시 고민하더니 바로 콜을 하고 들어왔다(이것으로 볼 때 ⓒ도 꽤 좋은 패를 가지고 있는 것 같았다. P씨는 ⓒ의 패를 포플러시로 생각했다). ⓒ 역시 다이렉트 콜이었으며, P씨도 즐거운 마음으로 콜을 했음은 당연한 수순이다. 벌써 판에는 빅팟의 조짐이 나타나기 시작하는 가운데 6구째 카드가 떨어졌다.

오른쪽 그림에서 보듯 P씨에게는 6구째 쓸데없는 9가 떨어지며 이미 메이드되어 있는 스트레이트가 액면상으로 거의 드러나게 되었다.

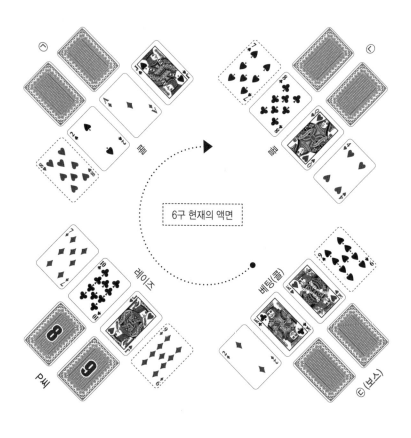

6구 현재의 액면

　순간 P씨는 속으로 '아니, 이게 여기서 왜 떨어져…, 웬 고춧가루
야?'라며 아쉬워했지만 도리없는 일이었다.
　㉠, ㉡, ㉢에게는 특별히 좋은 카드가 떨어진 것 같지는 않은 상황
이라고 느껴졌다.

그런데도 보스인 ⓒ이 자신있게 먼저 베팅을 하고 나왔다.

ⓐ과 ⓑ의 액면으로 8이 1장씩 빠져 있었기에 P씨에게는 스트레이트가 없다고 생각했기 때문인지, 아니면 ⓒ이 이미 풀하우스를 잡고 있기 때문인지 확실치는 않았지만 아무튼 ⓒ의 패를 풀하우스 메이드로 인정해 주고 싶은 상황은 아니었다.

그래서 P씨는 승부를 걸기로 마음을 먹고 힘차게 레이즈를 하였다 (※ 여기서 P씨가 약간의 위험부담을 안고 레이즈를 강행한 이유는 ⓒ보다도 ⓐ과 ⓑ을 죽이고 싶었기 때문이다. 다시 말해 P씨는 ⓐ과 ⓑ 모두 포플러시일 가능성이 높다고 보았기에 ⓐ, ⓑ을 죽이려 했던 것이다. 그후 ⓒ과의 승부는 6구 현재 풀하우스 메이드만 아니라면 설혹 K트리플일지라도 전혀 겁낼 것이 없었다).

레이즈를 하며 P씨는 단지 '과연 ⓒ이 풀하우스 메이드냐, 아니냐?'에만 신경을 집중시켰을 뿐, ⓐ, ⓑ은 썩은 가지가 부러지듯 당연히 숨도 안 쉬고 카드를 꺾으리라 생각했다. 그런데 이러한 P씨의 계산은 완전히 빗나갔다.

한참을 고민하던 ⓐ과 ⓑ이 약속이나 한 듯 차례로 콜을 하는 것이었다. 그리고 ⓒ 역시 풀하우스 메이드는 아닌 듯 콜만 하였다.

판에는 돈이 산더미처럼 쌓이며 엄청난 빅팟이 만들어졌다.

지금까지 진행되는 모습을 숨죽이고 지켜보고 있던 필자 역시 ⓐ, ⓑ의 패를 거의 포플러시로, ⓒ의 패를 K트리플로 보고 있었기에

P씨가 이기기 위해서는 ㉠, ㉡, ㉢ 세 명이 모두 못 떠야 하는 상황이라고 느꼈다.

그리고 작은 가능성일지라도 ㉢이 6구에서 이미 풀하우스를 가지고 있을지 모른다는 것도 무시할 수 없는 부담이었다. 즉, 어느 모로 보더라도 스트레이트 메이드를 가지고 있는 P씨가 이기기는 결코 만만치 않은 상황이었다.

갑자기 심장 박동이 빨라지며 필자는 심한 초조감을 느끼기 시작했다. 그런데 이런 필자와는 달리 P씨는 오히려 담담하고 자신에 찬 모습을 보이고 있었다.

역시 직접하는 사람보다도 뒤에서 보는 사람이 더 초조해지는 것이 어쩔 수 없는 현상인 것 같았다. 그럼에도 P씨의 당당하고 자신에 찬 모습을 보니 필자의 초조한 마음도 조금은 누그러들었다.

그러고 나서 운명의 히든카드가 나누어졌는데, 여기서 P씨는 다시 한 번 필자를 공포의 도가니로 몰아넣으며 경악케 하였다.

히든카드를 보고 난 후 보스인 ㉢이 뻥-을 달고 나오자, P씨는 조금의 망설임도 없이 하프를 외치며 강력하게 베팅을 하고 나오는 게 아닌가. 순간 필자는 귀를 의심했다. '아니, 이게 뭐야? 이건 지나친 무리 아냐?'라는 충격이 온몸을 통해 느껴졌다.

아무리 천하의 고수이고 강심장이라고 하더라도 지금의 상황에서까지 베팅을 하고 나오리라고는 전혀 생각지도 못했기 때문이었다.

몇 번을 생각해 보아도 P씨의 행동은 지나친 모험이라는 느낌을 떨쳐버릴 수가 없었다.

더구나 지금의 판은 엄청난 빅팟이었기에 이 판에서 지게 되면 여지껏 딴 돈을 거의 다 토해내야 할 정도였으므로 필자의 초조함은 극에 달했다. 필자의 얼굴이 하얗게 변하며 벌어진 입을 다물 수가 없었다. 그러나 어떤 기분을 느꼈건 그건 필자의 감정이고 활은 이미 시위를 떠난 상태였다.

P씨가 베팅을 하자 ㉠은 원하는 패를 뜨지 못했는지 별 고민 없이 패를 꺾었다.

첫 번째 고비는 무사히 넘어가며 ㉡의 차례가 되었다. 그런데 ㉡은 ㉠과는 달리 장고에 들어갔다. ㉡이 장고에 들어가는 모습을 보며 필자는 두 번째 고비도 거의 다 넘어가고 있다고 생각했다. ㉡이 만약 플러시든 뭐든 하여튼 P씨의 스트레이트보다 높은 족보를 떴다면, 레이즈는 부담스러울지 몰라도 무조건 콜을 하는 상황이었기 때문이다.

속단일 수도 있겠지만 이런 생각이 들자 ㉡의 패는 스트레이트보다 낮은 패라는 확신이 들었다.

㉡은 인상을 잔뜩 찌푸린 채 계속 장고를 하며 P씨의 액면을 뚫어지게 쳐다보고 있었다. 그러다가 ㉢의 액면을 힐끗 한 번 쳐다보고는 조그마한 신음소리를 내며 카드를 꺾었다.

이제 문제는 ㉢뿐이었다. 하지만 애초부터 가장 두려운 상대는 ㉢

으로 생각하고 있었기에 조금도 마음을 놓을 수 없는 상황이었다.

당장이라도 ㉢의 입에서 "레이즈-!!"라는 소리가 나올 것만 같은 기분이 들었다. 필자는 입 안이 타는 듯한 심한 갈증을 느끼며 숨소리도 내지 않고 ㉢의 행동만을 주시하고 있었다.

그런데…, ㉡이 카드를 꺾고 난 후 5초, 10초가 지나도록 ㉢의 입에서는 아무 말도 나오질 않았다. 그저 P씨의 액면을 뚫어지게 주시하고 있을 뿐이었다. 순간 필자는 P씨의 승리를 확신했다.

㉡이 카드를 꺾고 10초가 지나도록 ㉢이 아무 말도 하지 않고 있다는 것은 레이즈를 할 의사가 없음을 알리는 행동이었기에 ㉢의 패는 풀하우스가 아닌 것이 틀림없었기 때문이다.

한편 P씨는 이러한 일련의 시나리오를 미리 예상이라도 한 듯 한층 더 여유 있고 당당한 모습으로 팔짱을 낀 채 슬쩍슬쩍 ㉢의 표정을 살펴보고 있었다.

어느새 P씨의 입가에는 승리를 자신하는 듯한 미소가 번져갔다.

그러나 ㉢은 여전히 미동도 하지 않은 채 P씨의 액면만 주시하고 있었다. 방안에는 숨소리조차 들리지 않을 정도로 고요한 적막감이 감돌고 있었고, 모든 사람들의 눈과 귀는 ㉢에게 집중되어 있었다.

얼마나 지났을까? 팽팽하던 긴장감을 깨뜨린 것은 바로 ㉢의 목소리였다. "아무리 도사라지만, 여기서 스트레이트를 가지고 때리고 나올 수가 있단 말이야?"하며 ㉢이 도무지 납득할 수 없다는 표정을 지으면서 중얼거리듯 내뱉는 것이었다.

　그것은 자신의 괴로움을 토로하는 한탄인 동시에 P씨의 패를 '스트레이트로 볼 수 없다'는 강한 의구심을 표출하는 말투였다.

　즉, ⓒ은 '지금과 같은 상황이라면 누구라도 스트레이트 메이드를 가지고는 베팅할 수가 없다'고 생각하고 있었기에 'P씨가 공갈을 시도한 것은 아닐까?'라는 가정을 하고 있었던 것이다.

　ⓒ이 적막을 깨고 이렇게 중얼거리자 돌연 방안의 분위기는 술렁거리기 시작했다. 그러면서 몇몇 사람들은 고개를 끄덕거리며 ⓒ의 말에 공감하는 듯한 모습들을 보이고 있었다.

　이윽고 결심을 한 듯 ⓒ은 돈을 세어 들고 P씨의 얼굴을 바라보았다. 그리고는 P씨에게 "스트레이트는 아니지?"라고 물으며 동시에 손에 들고 있던 돈을 판에다 밀어 넣었다. ⓒ이 콜을 한 것이었다. P씨는 대답 대신 ⓒ의 얼굴을 슬쩍 한번 쳐다보고는 자신의 히든카드를 바닥에 오픈하며 판에 쌓인 돈을 자기 앞으로 끌어왔다.

　게임이 끝나고 돌아오는 길에 필자가 P씨에게 물었다.

　"형, 그때 레이즈 맞았으면 어떻게 하려고 그랬어? 지나친 모험 아니었수?"

　조금 전에 느꼈던 초조함에 분풀이라도 하는 듯한 말투로 필자가 물었다. "레이즈 맞았으면 죽었지. 당연한 얘기 아냐?"

　P씨는 여전히 아무렇지도 않게 말했다. 그러면서 필자를 지긋이

처다보며, "내가 베팅을 안 하고 삥을 해도 어차피 저쪽에서 뜨면 때릴 거고, 저쪽에서 때린다고 해서 내가 죽을 수도 없는 상황이었잖아?"

"…."

"그럴 바에는 삥을 달아놓고 불안에 떨기보다는 아예 자신있게 베팅을 한 다음, 저쪽에서 투페어나 트리플로 말랐을 땐 들어와서 확인하라고 유도하는 게 나은 거 아냐? 만약에 레이즈를 맞으면 죽으면 되는 거고…, 안그래? 명색이 프론데 레이즈 맞을 게 두려워 플레이가 위축될 수는 없는 것 아냐?"라고 하였다. 필자가 듣기에도 구구절절 옳은 말이고, 또 필자 역시도 잘 알고 있는 이야기였다. 하지만 그 정도 빅팟에서, 더구나 상대가 한두 명도 아닌 세 명이나 있었던 상태를 감안한다면 그것은 비록 이론상으로는 맞다 하더라도 실전에서 행하기란 참으로 어려운 일이었다. 그런데 P씨는 그걸 거침없이 해낸 것이었다.

필자는 놀라움과 시기심을 동시에 느끼며,

"형, 저쪽에서 구라로 레이즈를 할 수도 있는 거잖아?"라고 물었다. 그랬더니 P씨는, "이거 알 만한 사람이 자꾸 왜이래? 그 상황에서 구라쳐서 내 돈 가져갈 수 있는 사람이라면 축하해 줄 수밖에…. 하지만 아까 걔들은 그런 상황에서 나한테 구라를 들이댈 정도의 애들은 아니거든."이라며 웃고 있었다.

이 이야기는 고수들 간의 수읽기와 배짱 싸움이 얼마나 치열한지를 잘 보여준 한판이라고 생각한다. P씨의 배짱은 라인계에게 잔뼈가 굵은 필자 역시도 혀를 내두르며 감탄하기에 충분했다.

그러나 필자에게 더욱 깊은 인상을 남겨준 것은 P씨의 배짱보다도 '레이즈 맞으면 죽으면 된다'고 하던 P씨의 마음가짐이었다. 그래서 여러분으로 하여금 이러한 P씨의 마음가짐을 본받게 하기 위해 지금의 일화를 소개했던 것이다.

P씨라고 하여 상대의 레이즈를 두려워하지 않았던 것은 결코 아니다. 그것은 레이즈를 맞으면 죽으면 된다고 하던 그의 말에 잘 나타나 있다. 고수든 하수든 레이즈를 맞는 것에 대한 두려움은 똑같이 느끼고 있는 법이다. 단지 그 차이점은 앞서도 언급했듯이, 하수들은 그 두려움 때문에 자신의 베팅 찬스를 포기하거나 놓쳐버리지만 고수들은 비록 두려움을 느낄지언정 자신의 베팅 찬스를 포기하지 않는다는 점이다.

다시 말해 그 두려움을 맞이하는 마음가짐에서 차이가 난다는 뜻이다. '레이즈를 맞으면 죽으면 된다'는 이런 마음가짐은 히든카드의 경우에만 적용되는 것이 결코 아니다. 4구째든 5구째든 6구째든, 게임 중 언제라도 가져야 하는 마음가짐이다.

이러한 마음가짐을 가지게 되면 베팅을 하고 나가는 것이 훨씬 쉬워지기 때문이다.

하수들은 '이 판을 반드시 먹어야 한다'는 강박관념을 가지고 베팅이나 레이즈를 하기 때문에 상대의 레이즈를 두려워하게 된다. 다시 말해 죽으려는 생각을 전혀 가지고 있지 않기 때문에 상대의 레이즈를 두려워하게 된다는 것이다.

그렇기에 5구째든 6구째든 자신이 베팅이나 레이즈를 하고 나갔다가 상대에게서 레이즈를 맞았을 경우, 하수들일수록 거의 죽는 법이 없다. '이 판에서 이기고 싶다'는 생각을 버리지 않고 있기 때문이다. 상대가 레이즈를 한다는 것은 공갈이 아닌 이상 분명 이길 자신이 있는 것이라고 봐야 한다. 그리고 이길 수 있는 자신감이라는 것은 단지 기분상으로 느끼는 것이 아니라 그때까지의 진행 상황, 여러분의 액면, 또 여러분의 스타일 등등 모든 것을 종합하여 얻어낸 결론이다.

그렇기에 상대가 레이즈를 했다는 것은 어느 모로 보든 일단 여러분에게 승산이 많지 않은 상황임에 틀림없다. 그렇다면 객관적으로 볼 때 여러분에게 승산이 적은 판에서 죽는 것이 뭐가 그리도 아까울 게 있단 말인가?

4구째든 5구째든 6구째든, '레이즈를 맞으면 언제든 죽으면 된다'는 마음을 가지게 될 때 여러분은 비로소 고수의 대열로 들어설 수 있음을 명심해야 한다.

이렇게 되면 자연히 '내가 들어간 판에서는 반드시 먹어야 한다'는 강박감에서 벗어날 수 있다. 또 이렇게 됨으로써 4구, 5구, 6구째 언제라도 자신에게 베팅(또는 레이즈) 찬스가 왔을 경우 '상대방의 레이즈 때문에…'라는 두려움을 느끼며 베팅 찬스를 놓쳐버리는 실수를 하지 않을 수 있다.

그러면 재미있는 예를 한 가지만 더 보기로 하자.

세븐오디 게임이며 다음의 그림은 6구 현재의 액면이다. 그림에서 보듯 여러분과 ㉠, ㉡ 세 명의 대결이다.

여러분은 손에 10, J를 가지고 있는데 6구째 K가 떨어지며 스트레이트가 메이드되었다.

그런데 ㉠과 ㉡은 두 명 모두 6구째 액면으로 같은 무늬가 3장씩 되며 플러시 냄새를 풍기고 있다. 그리고 지금까지의 진행 상황과 평소 ㉠, ㉡의 스타일로 미루어 볼 때 둘 중 한 명이라도 플러시 메이드가 되어 있을 가능성을 전혀 배제할 수 없는 분위기다.

물론 그렇다고 해서 플러시 메이드가 거의 확실하게 느껴지는 상황도 아니다. 대략 이런 상황에서 여러분이 보스이고 베팅을 해야 할 금액이 만만치 않게 많은 금액이다.

여러분은 어떻게 하시겠습니까?

이와 같은 상황이라면 무조건 베팅을 하고 나가야 한다.

그리고 만약 ㉠ 또는 ㉡ 둘 중 한 명이 레이즈를 한다면 그때는 레이즈를 한 사람이 플러시라고 느껴지면 죽으면 되고, 그렇지 않다고 생각되면 콜을 하고 승부를 걸면 된다.

　다시 말해 레이즈를 맞으면 죽겠다는 편안한 마음가짐을 가지고 자신 있게 베팅을 하고 나가라는 것이다.

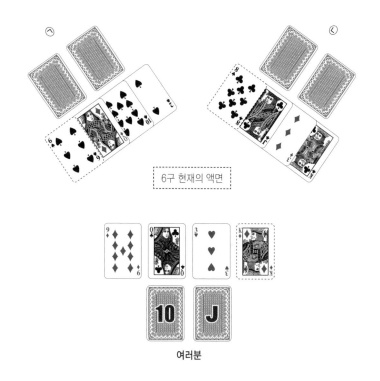

6구 현재의 액면

여러분

　만약 지금과 같은 상황에서 상대의 플러시가 두려워 베팅을 하지 않는다면 이것을 일견 안전한 운영방법이라고 여길지 모르겠다. 하지만 이런 생각이야말로 너무도 어리석은 선택이며 결코 안전한 운영방법도 아니다.

왜냐하면 여러분이 체크를 하고 나갔어도 누군가 플러시가 메이드된 사람이 있다면 분명 베팅을 할 것이고, 여러분은 당연히 콜을 할 것이기 때문이다.

즉, 6구째 여러분이 체크를 하고 누군가가 베팅을 했을 때 여러분이 6구에서 콜을 하지 않고 그냥 죽는다면 모를까, 그렇지 않은 이상 금전적인 피해는 똑같다는 의미이다. 다시 말해 상대가 이미 6구째에 플러시를 잡고 있다면 어차피 여러분은 보태 주어야 할 만큼은 보태 줄 수밖에 없도록 시나리오가 흘러간다는 뜻이다. 그 시나리오가 '여러분이 먼저 베팅을 하고 나갔다가 레이즈를 맞고 죽는 것이냐', 아니면 '여러분이 체크를 하고 상대가 베팅을 했을 때 여러분이 콜을 하는 것이냐' 둘 중 어느 쪽이냐라는 차이일 뿐이다(※ 물론 여기서도 무시할 수 없는 부분이 상대의 '공갈 레이즈'지만, 이 부분에 대해서는 여러 가지 득과 실이 상충하므로 앞의 일화에서 나왔던 P씨의 말, "공갈로써 내 돈 가져갈 수 있는 사람이라면 축하해 주겠다."로 설명을 대신한다).

그렇다면 이번에는 상대가 6구째 플러시 메이드를 가지고 있지 않은 경우를 생각해 보자.

여러분이 ㉠과 ㉡의 액면에 부담을 느껴 베팅을 하지 않았다. 그런데 이때 ㉠과 ㉡이 액면만 그럴듯하게 깔아놓고 플러시를 잡고 있는 것이 아니라면, 여러분은 스트레이트 메이드라는 좋은 패를 가지고도 상대들에게 아무런 부담 없이 히든카드를 보게 해주는 것이다.

　지금까지의 이야기를 종합해 보면, 6구째 체크를 한다는 것은 '상대가 플러시 메이드라면 어차피 보태줄 것 다 보태주고, 상대가 플러시 메이드가 아니라면 아무런 부담 없이 히든카드를 보게 해준다'라는 결론이 나온다. 지금과 같은 상황이 자신에게 주어진다면 레이즈를 맞으면 미련 없이 죽으면 된다는 마음가짐을 가지고 자신 있게 베팅을 하고 나가야 한다.

마지막 5판

흔히들 바둑은 인생이라고 한다. 한판의 바둑이 진행되는 과정이 마치 우리 인생과 아주 흡사하다는 뜻이다. 그래서 바둑을 함께 두어 보면 그 상대의 생각과 성품까지 파악할 수 있다고 한다. 그런데 이 이론을 재미있게 반박한 사람이 있다.

200여 년 전 일본의 모든 사람들이 '싸움 13단'이라 추켜세우던 전투의 신이자 일본 바둑계의 기린아 '장화'에게 위험과 모험을 즐기는 제자가 한 명 있었다. 제자의 뛰어난 재능을 인정하면서도 호전적이고 극단적인 성품을 항상 걱정하던 장화는 자신의 죽음을 눈앞에 둔 상황에서 제자에게 다음과 같은 말을 남겼다고 한다.

"바둑은 한판을 져도 다음 판이 있다. 바둑은 한 집 차이로 지나 백 집 차이로 지나 한판일 뿐이지만 인생은 아니다. 바둑에서는 죽은 돌을 살려낼 수 있지만 꺼져가는 내 생명은 구할 수 없다. 바둑은 인생과는 다르다."

바둑이 아닌 인생에서 위험한 승부는 자제하라는 얘기였다.

여기서 말하는 위험한 승부란 승산이 적은 승부를 뜻하는 것이 아니다. 졌을 때 물리적이든 정신적이든, 혹은 경제적이든 감당하기 힘들 정도의 큰 피해가 따르는 승부를 말한다.

포커게임을 하다 보면 많은 하수들은 그날이 마치 지구의 마지막 날인 양 게임을 한다. 그날 잃은 돈은 무조건 그날 찾아야 직성이 풀리는 듯 집착한다. 그러다 보니 게임이 끝날 시간이 가까워질수록 잃고 있는 사람은 자연히 무리한 플레이를 남발하게 된다. 빨리 본전을 찾고 싶어 하는 조급함 때문이다.

하지만 갬블에서는 항상 잘 안될 때, 특히 막바지에 다다랐을 때 더 조심을 해야 하는 것이 철칙이다. 심한 경우에는 7~8시간 게임을 해서 잃은 것보다 마지막 1~20분에 입는 피해가 훨씬 큰 경우도 비일비재하다.

그 순간에는 오직 본전을 찾는다는 생각만 있을 뿐 자신이 얼마나 무리를 하고 있는지, 얼마나 큰돈을 버리다시피 하고 있는지 감각이 없어졌기 때문에 전혀 느끼지 못한다. 특히 마지막 5판, 마지막 한 턴 등이 되면 거의 인사불성이 되어 버린다.

이처럼 하수들은 마지막 순간이 다가오면 무리한 승부에 자신이 가지고 있는 모든 것을 거의 버리다시피 건다. 즉, 하수들은 마지막이 되면 말도 안 되는 위험한 승부를 스스로 자초하며 더욱 깊은 나락으로 떨어진다는 뜻이다. 이러한 사람들에게는 오늘만 있을 뿐 내일은 없는 것처럼 느껴진다. 바로 장화가 얘기하는 위험한 승부를 일삼는 사람들이다.

포커에서는 바둑과 달리 한 집을 지는 것과 백 집을 지는 것의 차이가 엄청나다는 사실을 모르는 어리석은 사람들이다.

그러나 고수들은 아무리 잃고 있는 상황일지라도 마지막 판이 끝날 때까지 최선을 다한다. 이러한 사실은 어느 포커판에서든 쉽게 발견할 수 있다. 천하에 없는 고수라 해도 100전 100승을 할 수 없는 것이 포커게임이다. 하물며 평범한 아마추어라면 말할 것도 없다. 그런데도 왜 하수들은 '오늘 안되면 다음날 찾으면 된다'는 유연한 사고를 갖지 못할까?

스스로의 마음을 다스릴 줄 아는 것이 갬블에서 이기기 위한 그 어떤 기술보다 중요한 요소라는 사실을 이제는 깨달아야 한다.

☑ 투페어에서 풀하우스를 뜨러 가지 않는다

– 특별한 경우를 제외하곤 6구까지 지고 있다고 느껴지는 상황에서 1:1 승부, 베팅위치가 안 좋을 때 등은 거의 절대적으로 히든에 풀하우스를 뜨려고 시도하지 않는다.

– 특별한 경우(배당 좋을 때, 게임 흐름 좋을 때, 죽어도 들어가 보고 싶을 때)

☑ 끝까지 가서 패를 펴면 거의 이긴다

– 상황 판단이 정확하기에 끝까지 가서 질 것 같다고 판단될 때는 미련 없이 패를 던진다.

– 어려운 승부라 생각하면 아예 4구~6구에서 일찍 패를 던진다.

– 2등을 잘 하지 않는다(1등이 아니면 꼴등을 한다는 의미).

☑ 4구, 5구에 판을 자주 키운다

–게임의 주도권을 잡고 응수타진의 방법으로 게임 초기에 큰돈을 들이지 않고 레이즈를 하며 게임을 리드한다.

–승패를 떠나 다음을 위한 밑밥, 상대의 응수타진 등의 의미도 가지고 있다.

☑ 베팅을 하고 나갔다가 레이즈를 맞으면 죽는 경우가 많다

– 5구든, 6구든, 히든이든 먼저 베팅을 했을 경우, 상대가 더 강한 모습을 보이면 좋은 족보를 가지고도 패를 들어간 돈을 아까워하지 않고 패를 던진다.

☑️ 히든카드를 기대하지 않는다

– 특별한 경우가 아닌 한, 히든에 역전을 노리는 운영을 하지 않는다는 뜻으로 고수들은 아예 '히든카드는 없다. 나는 6구가 마지막이다'라는 기본적인 마음을 가짐을 가지고 있다.

☑️ 하이원페어로 간혹 확인한다

– 상대가 공갈이라고 느껴질 때는 A원페어, K원페어만 가지고도 자신 있게 확인하며 승부를 건다. 즉, 상대가 투페어라면 히든에 베팅할 가능성이 적다는 것을 알고 있기 때문이다.

☑️ 포플보다 양방을 선호한다

– 거의 모든 고수들의 공통적인 특징 중 하나. 메이드를 만들 가능성은 포플이 조금 높지만(포플=9장, 양방=8장) 5구, 6구에 메이드가 될 경우, 플러시에 비해 스트레이트는 표시가 나지 않기에 훨씬 더 실속 있는 장사를 할 가능성이 높다.

☑️ 공갈에 당해도 억울해 하지 않는다

– 신이 아닌 이상 누구나 공갈에 당할 수밖에 없기에 공갈에 당하더라도 게임의 일부로 생각하고 큰 의미를 두지 않는다. 사람인 이상 누구라도 속이 아프겠지만 뚜껑이 열려 흥분할수록 결국 본인에게 해가 된다는 사실을 너무

도 잘 알고 있다.

☑ 상대의 스타일과 돈, 베팅위치에 따라 운영 달라진다

– 상대가 어떤 스타일이냐, 서로 간의 자금 상황은 어떤가, 베팅위치가 어디냐 등의 상황에 따라 완전히 다른 게임이 되는 것이나 마찬가지라고 이미 언급한 바 있다. 따라서 이러한 변화에 따라 운영이 달라져야 함은 고수가 되기 위한 필수 요소이다.

☑ 판을 이끌고 주도한다(베팅, 레이즈가 많다)

– 끌려다니는 게임을 하지 않고, 판을 리드하는 운영이야말로 고수들의 가장 큰 특징이다. 그래서 특별한 상황이 아닌 한, 대부분의 고수들은 판을 리드하지 못할 때는 일찍 패를 던지는 운영을 선호하며, 승부에 참가하면 판을 이끌고 리드하는 것이다.

☑ 최후의 1판까지 최선을 다한다

– 많은 하수들이 잃고 있는 상황에서 끝날 시간이 가까워지면, 인사불성이 되어 무리한 승부를 남발하며 스스로 무덤을 파지만, 고수들은 어떤 상황에서든 마지막 1판까지 최선을 다한다.

☑ **좋은 족보에 미련을 가지지 않는다.**

– 상대 스타일, 그때그때의 게임 상황, 레이즈 분위기 등으로 어려운 승부라 판단할 때는 풀하우스 같은 높은 족보라도 미련 없이 던진다. 포커는 좋은 패를 잡아야 하는 게임이 아니라 이기는 패를 잡아야 하는 게임이다.

☑ **나의 레벨 확인하기**

- 9개 이상 ▶ 고수 등극이 눈앞에 있는 수준
- 7~8개 ▶ 조금만 노력하면 웃으며 일어설 수 있는 수준
- 4~6개 ▶ 아직은 눈물을 좀 더 흘려야 할 수준
- 3개 이하 ▶ 돈이 아주 많지 않으면 은퇴해야 할 수준

☑ 베팅위치, 상대 스타일에 상관하지 않는다

– 베팅위치가 어딘지, 상대 스타일이 어떤지에 따라 완전히 다른 게임을 하는 것이나 마찬가지인데도 하수들은 전혀 아랑곳하지 않고 자신의 패만 보고 승부 한다. 상황의 변화에 상관없이 플레이가 똑같다.

☑ 따고 있다가 조금 나가면 잃은 걸로 계산한다

– 어찌 보면 하수들만이 아니라 중급, 고급자들에게서도 자주 나타나는 현상이다. 그러나 이 절묘한 계산법이야말로 포커 테이블에서 언제나 여러분을 곤혹스럽게 만드는 너무도 위험한 계산법임을 명심, 또 명심해야 한다.

☑ 자신의 액면에는 신경을 안 쓴다

– 상대의 패를 판독하기 위해 상대의 액면에는 모든 신경을 집중시키면서, 자신의 액면에는 무관심하다. 자신의 패는 이미 알고 있기 때문이다. 그러나 자신의 액면이 상대에게 어떻게 보이는 지는 운영과 결과에 엄청난 영향을 준다는 사실을 잊어서는 안 된다.

☑ 상대 패를 인정하지 않는다

– 하수들일수록 상대의 패를 인정하지 않으려는 경향이 강하다. 그래야 자신이 이길 수 있는 길이 생기기 때문이다. 즉, 하수들은 상황변화는 안중에 없고 그저 자신의 패만 보고 이기는 길을 찾으려 하기에 상대의 패를 두려워하

272

지 않으며, 인정하지 않는다는 것이다.

☑ 메이드를 잡으면 거의 죽는 법이 없다

– '얼마 만에 잡은 메이드인데…', '메이드로 죽을 거면 게임을 왜 해?'
하수들이 입버릇처럼 하는 말이다. 그러나 포커 게임은 스트레이트나 플러
시는 물론, 풀하우스도 상황에 따라 죽을 수 있는 카드라는 점을 이제는 깨
달아야 한다.

☑ 투페어로 끝까지 풀하우스를 뜨려 한다

– 매일 패배하는 하수들의 가장 큰 특징이다. 그러나 특별한 경우를 제외하
고는 이제 그 생각을 버려야 험하고 험한 포커 세계에서 살아남을 수 있다.

– 특별한 경우(배당 좋을 때, 게임흐름 좋을 때, 죽어도 들어가 보고 싶을 때)

☑ 포플을 좋아하고 양방은 경시한다

– 고수들은 메이드가 되었을 때 좋은 장사를 할 가능성이 많은 양방을 선호하
는데 반해 하수들은 한결같이 포플을 더 좋아하고 양방의 가치를 인정하는데
너무도 인색하다. 양방에도 사랑을 나누어 주시길.

☑ 상대의 자금 상황을 체크하지 않는다

– 게임에서 좋은 성적을 내기 위한 필수 요소 중 하나는 자신과 승부할 상대

의 자금 상황을 가장 먼저 체크하는 것이다. 자금 상황에 따라 승부하는 방법이 완전히 달라지기 때문이다. 그러나 하수들은 전혀 신경을 쓰지 않고 있으니 나쁜 성적표를 받는 것은 당연한 일이다.

☑ 레이즈가 적고, 콜이 많다

– 하수들은 본인이 확실히 이길 수 있다고 생각하는 판에서만 레이즈를 하려 하기에 레이즈를 할 기회가 좀처럼 없으며, 거의 콜을 하고 따라가며 끌려가는 게임을 하게 된다. 심지어 테이블에 있는지 조차 잘 느끼지 못할 정도로 수동적인 운영으로 일관한다.

☑ 조그만 가능성에 기대를 가진다

– 바늘 끝 같은 가능성만 있어도 포기하지 않으려 한다. 얼마나 힘든 확률인지는 생각지 않고, 그저 뜨면 이길 수 있다는 일념으로 좀처럼 카드를 던지지 않는다. 대표적인 현상이 바로 '투페어 불사'라고 하겠다.

☑ 게임 도중에 들어간 돈을 아까워한다(자기 돈)

– 게임 도중에 판에 들어가 있는 돈은 이미 본인의 돈이 아닌데도, 그 판이 끝나기 전에는 본인의 돈으로 생각한다. 그래서 베팅을 했다가 레이즈를 맞아도 거의 죽는 법이 없다. 이미 들어가 있는 돈이 아깝기 때문이다.

☑ 잃고 있는데 끝날 시간이 가까워지면 인사불성이 된다

- '다 잃고 이거 남겨 가면 뭐 해, 다 먹어라~' 게임이 끝날 시간이 가까워지

면 하수들은 돈을 거의 버리다시피 한다. 본전을 찾지 못하면 직성이 안 풀리

기 때문이리라. 그리고 나서 게임이 끝나면 바로 그 돈이 얼마나 큰돈인지를

느끼며 후회를 되풀이한다.

☑ 나의 레벨 확인하기

- 9개 이상 ▶ 돈이 아주 많지 않으면 은퇴해야 할 수준

- 7~8개 ▶ 아직은 눈물을 좀 더 흘려야 할 수준

- 4~6개 ▶ 조금만 노력하면 웃으며 일어설 수 있는 수준

- 3개 이하 ▶ 고수 등극이 눈앞에 있는 수준

포커 용어 사전

ㄱ

강패 강한 패. 아주 좋은 패를 의미.

갬블 도박.

갬블러 도박사.

게슈타포 공갈 체포를 잘하는 사람을 의미.

고리 게임판에서 떼는 돈. 타임비의 일종.

골프(golf) 바둑이 게임에서 사용하는 용어. 바이시클, 휠, 퍼펙트 등으로도 표현.

공갈 지는 패로 상대를 드롭시키고 이기려고 하는 것. 블러핑, 삥끼, 구라 등으로도 표현.

구라 사기도박, 공갈, 삥끼, 블러핑.

구찌 말로서 상대의 신경을 건드리는 행동이나, 그 말을 의미.

그림 J, Q, K를 통틀어서 의미. 보통 상자곽, 영어, 왕, 박스등으로도 표현.

깜깜이 게임이 끝날 때까지 상대의 패를 한 장도 보지 않고 하는 포커게임.

껌 웬만해선 잘 죽지 않고 끝가지 콜을 하고 따라다니는 사람. 탱크. 본드. 진드기.

꽁지 노름판에서 빌린 돈. 노름판에서 돈을 빌리는 것. 또는 돈을 빌려주는 사람(=꽁지꾼).

ㄴ

나인로추라이(nine low try) 인상이 아주 나쁜 사람을 의미.

낫싱(nothing) 로우바둑이에서는 A, 2, 3을, 일반 하이로우게임에서는 A, 2, 3, 4를 의미.

276

낫싱식스(nothing six) 로우바둑이에서는 A, 2, 3, 6을, 일반 하이로우게임에서는 A, 2, 3, 4, 6을 의미.

낮은 포복 게임운영을 몹시 타이트하게 하는 사람을 의미. 베트콩, 콧구멍. 엎드려 쏴.

넌플러시(non flush) 무늬가 다른 것.

넥스트(next) 메이드나 추라이가 서로 같을 경우, 그다음의 숫자를 의미.

노리미트베팅(no limit betting) 매 라운드마다 언제든 자신이 가지고 있는 모든 돈을 베팅 할 수 있는 룰.

노메이드(no made) 메이드가 완성되지 않은 상태를 의미.

노사이즈(no size) 카드를 옆에서 쪼았을 때 아무것도 보이지 않는 숫자. A, 2, 3을 의미.

ㄷ

다이(die) 폴드, 드롭.

다이렉트콜(direct call) 주저 없이 하는 콜. 숨도 안 쉬고 하는 콜을 의미.

달고 간다 자신의 패가 아주 좋을 때 뒷사람을 데리고 가는 행동. 데리고 간다.

달렸다 메이드나 추라이에서 가장 높은 숫자 다음의 숫자도 가지고 있다는 의미.

데리고 간다 자신의 패가 아주 좋을 때 뒷사람을 데리고 가는 행동. 달고 간다.

되빠꾸 2단 레이즈.

뒷전 게임을 하지 않고 뒤에 있는 사람을 의미. 반대 ≠ 앞전.

듀스(deuce) 2를 의미. 오리라고도 표현.

드로우포커(draw poker) 게임이 끝날 때까지 상대의 패를 한 장도 보지 않고 하는 포커게임. 깜깜이. 반대 ≠ 스터드포커.

드롭(drop) 이길 자신이 없을 때 패를 꺾는 것을 의미. 보통 다이, 폴드 등으로도 표현.

딜러(dealer) 카드를 나눠주는 사람.

떡 같은 숫자나 같은 무늬가 들어오는 것. 퐁.

ㄹ

람보 아주 강한 베팅으로 판을 흔드는 사람. 머신건이라고도 표현.

레이즈(raise) 상대가 베팅한 금액을 받고 그것보다 더 올려서 베팅하는 것. 빠꾸.

레인보우(rainbow) 세 장, 또는 네 장의 카드가 모두 무늬가 다른 상태를 의미.

리레이즈(reraise) 상대의 레이즈를 받고 한 번 더 레이즈를 하는 것. 2단 레이즈.

리미트베팅(limit betting) 매 라운드마다 베팅할 수 있는 금액이 정해져 있는 룰.

리버(river) 홀덤게임에서 사용하는 용어로서 마지막 카드를 의미. 히든카드.

ㅁ

마귀 게임을 아주 잘하는 사람을 의미. 타자, 병장, 중사, 의사, 짝대기 등으로도 표현.

마사지 1 : 1 대결을 의미. 헤즈업이라고도 표현.

마킹(marking) 카드 뒷면에 표시를 하는 것.

머신건(machine gun) 람보. 강베팅으로 게임을 운영하는 사람.

메이드(made) 플러시, 풀하우스등(세븐오디) 7탑, 8탑등(바둑이)으로 완성이 된 상태를 의미.

메이드첵(made check) 메이드를 가지고 체크를 하는 행동.

메인팟(main pot) 판에 쌓여 있는 모든 돈. 본팟.

모도 본전, 또는 돈을 의미하기도 한다.

물 돈, 총알, 보통 물을 긷다 = 돈을 구한다는 의미로 사용.

밀어내기 베팅, 레이즈 등으로 상대를 드롭시키려는 행동.

ㅂ

바이시클(bicycle) 휠, 퍼펙트, 골프등으로도 표현. 바둑이에서는 A, 2, 3, 4를, 하이로우 게임에서는 A, 2, 3, 4, 5를 의미한다.

박스(box) ㉠네 장, 또는 네 장을 바꾸는 것을 의미. ㉡J, Q, K 등의 그림 카드를 의미. 이때는 그림, 상자곽, 영어, 왕 등으로도 표현한다.

박카스 재떨이. 하우스에서 일하는 사람.

방수 게임하는 플레이어들의 실력을 의미. 보통 '방수가 좋다', '방수가 나쁘다', '방수가 지옥이다' 등으로 표현한다.

배우 사기도박을 할 때 바람잡이 역할을 하는 사람.

백기사 정상 게임을 하는 사람. 반대 ≠ 흑기사.

백지 정상 게임.

베이스(base) 바둑이게임에서 세 장으로 만들어진 족보 상태를 의미한다. 보통 추라이, 3장 등으로도 표현.

베트콩 게임을 아주 타이트하게 운영하는 사람. 콧구멍, 낮은 포복, 엎드려 쏴 등으로도 표현한다.

베팅(betting) 게임 중에 돈을 거는 행동. 보통 빠따라고도 표현.

병장 타자, 마귀, 중사, 의사, 짝대기.

본드 껌, 탱크, 진드기.

본방 하우스에 소속된 선수.

본팟 판에 쌓여 있는 모든 돈. 메인팟.

블랙(black) 검은색 카드를 의미.

블러핑(bluffing) 공갈, 뻥끼, 구라.

빅팟(big pot) 큰 승부.

빠꾸 레이즈.

빠따 베팅.

빵꾸스트레이트 '5-6-7-9', '2-3-5-6'처럼 식으로 가운데가 빠져 있는 스트레이트.

뻥끼 공갈, 블러핑, 구라.

뻥 상대가 베팅을 했을 때 레이즈를 할 수 있는 권리를 가지기 위해 미리 최소한의 돈을 베팅하는 것. 미국에는 뻥이라는 베팅 룰이 없다.

사대가 안 맞는다 게임이 잘 안 풀리는 상대나 장소를 의미하는 말.

사이드팟(side pot) 베팅 도중 올인될 사람이 있을 경우, 올인되지 않는 사람만 가지고 갈 수 있는 돈.

사진 인상. 보통 '탈'이라고도 표현.

상자곽 영어, 그림, 왕, 박스.

상황구라 게임 진행 상황상 누가 보더라도 인정해줄 수밖에 없는 그런 상황에서 시도하는 공갈을 의미.

새드콜(sad call) 슬픈 콜. 말 그대로 지는 것 같다고 느끼면서 하는 콜. 반대≠스마일콜.

서드(third) 바둑이게임에서 세 번째로 높은 족보를 의미. 로우에선 A-2-4-5를, 하이에선 A-K-J-10을 의미.

선수 플레이어.

세컨드(second) 바둑이게임에서 두 번째로 높은 족보를 의미. 로우에선 A-2-3-5를, 하이에선 A-K-Q-10을 의미. 보통 로우에선 엠비씨초, 낫싱5 등으로도 표현.

셔플(shuffle) 처음에 카드를 섞는 것.

쇼돌이 돈을 많이 따는 것을 의미.

수술 고수가 하수들의 돈을 따는 일.

수술실 게임 테이블.

수심 플레이어들의 자금 상황. 보통, '수심은 깊냐?', '수심은 좋냐?'라는 식으로 표현한다.

스마일콜(smile call) 즐거운 콜. 아주 기분 좋게 하는 콜. 반대≠새드콜.

스윙(swing) 하이로우게임에서 하이와 로우 두 방향에서 모두 승부하겠다는 의사 표시.

스터드포커(stud poker) 정해진 규정만큼 패를 바닥에 오픈하면서 하는 포커게임. 반대≠ 드로우포커.

스테이(stay) 카드를 바꾸지 않는 것을 의미.

스테이집 한 장도 바꾸지 않은 사람을 의미.

식스로 추라이(six low try) 인상이 아주 좋은 사람을 의미. 보통 휠추라이라고도 표현.

쓰리사이즈(three size) 카드를 옆에서 쪼았을 때 점이 세 개 보이는 숫자. 6, 7, 8을 의미.

쓰리컷 스테이(three cut stay) 바둑이게임에서 세 장을 바꾼 후 스테이를 하는 것.

쓰리컷(three cut) 바둑이게임에서 세 장, 또는 세 장을 바꾸는 것을 의미.

쓰리투원(3-2-1) 바둑이게임에서 카드를 바꾸는데 제한을 두는 룰. 즉, 아침에는 세 장까지, 점심에는 두 장까지, 저녁에는 한 장만 바꿀 수 있는 룰.

ㅇ

아침 바둑이게임에서 첫 번째 커트를 의미.

아침베팅 바둑이게임에서 두 번째 베팅. 아침커트 후에 하는 베팅.

안 달렸다 바둑이게임에서 메이드나 추라이에서 가장 높은 숫자 다음의 숫자는 가지고 있지 않다는 의미.

안경 8을 의미.

앞마이 게임 중에 자신의 앞에 있는 돈을 의미. 앞전이라고도 표현.

앞마이 이동 어느 한 사람 앞에 있는 돈이 한번에 모두 상대에게 넘어가는 것.

앞전 ㉠게임 중에 자신 앞에 있는 돈을 의미. 앞마이로도 표현. ㉡게임을 하는 선수를 의미. 반대≠뒷전

양방 스트레이트 '3-4-5-6', '6-7-8-9'처럼 양쪽으로 어느 1장의 숫자가 오면 스트레이트가 되는 카드.

언더더건(under the gun) 가장 나쁜 베팅 위치를 의미.

엎드려 쏴 베트콩, 콧구멍, 낮은 포복. 게임운영을 몹시 타이트하게 하는 사람.

엔티(ante) 게임을 시작하기 전에 모든 플레이어가 내는 돈. 보통 '학교', '학교 가기' 등으로도 표현.

엠비씨 바둑이게임에서 A, 2, 3을 의미. 낫싱이라고도 표현.

엠비씨초 바둑이게임에서 A, 2, 3, 5을 의미. 보통 낫싱5, 세컨드 등으로도 표현.

여자 Q를 의미.

영어 그림, 상자곽, 왕, 박스. J, Q, K를 통틀어서 의미.

올인(allin) 자신이 가진 돈을 모두 집어넣는 것. 또는 돈이 하나도 없음을 의미.

왕 상자곽, 영어, 그림, 박스. J, Q, K를 통틀어서 의미.

의사 타짜, 마귀, 병장, 중사, 짝대기.

ㅈ **자격** 보통 하이로우 게임에서 주로 사용하는 룰. 특정 족보 이상 되지 않으면 돈을 가지고 갈 수 없는 룰에서 그 기준을 나타내는 족보.

재떨이 하우스에서 심부름하는 사람. 박카스라고도 부른다.

잭팟(jackpot) 큰 승리. 슬럿머신에서 터지는 잭팟의 의미.

저녁 바둑이게임에서 세 번째(마지막) 커트를 의미.

저녁베팅 바둑이게임에서 네 번째 베팅. 보통 마지막 베팅이라고 표현함. 저녁커트 후에 하는 베팅.

점심 바둑이게임에서 두 번째 커트를 의미.

점심베팅 바둑이게임에서 세 번째 베팅. 점심커트 후에 하는 베팅.

조황 낚시에서 사용하는 용어. 판의 분위기, 플레이어들의 실력이나, 자금 상황 등을 의미하는 말로써 보통 '조황이 어때?', '조황은 괜찮냐?' 등으로 표현.

줄대고 친다 2명 이상이 짜고 치는 것을 의미.

중사 타짜, 마귀, 병장, 의사, 짝대기.

진검승부 실력 대결.

진드기 껌, 탱크, 본드.

진카 좋은 카드, 또는 공갈이 아닌 카드.

짜른다 바둑이게임에서 카드를 바꾸는 것을 의미.

짝대기 게임을 아주 잘하는 사람을 의미. 마귀, 타짜, 병장, 중사, 의사 등.

쭝 같은 숫자나 무늬가 들어오는 것. 떡.

찝게 게임 판에 돈이 많이 쌓여 있을 때, 고리를 떼는 행동이나, 그 행동을 하는 사람.

ㅊ **창고** 게임이 벌어지는 장소. 현장.

체크(check) 베팅을 하지 않겠다는 의사 표시.

첵레이즈(check raise) 체크를 한 사람도 레이즈를 할 수 있는 룰.

첵아웃(check out) 자신의 베팅 순서에서 무조건 체크를 할 수 없는 베팅 룰.

초 5를 의미.

초구 세븐오디 게임에서는 4구를, 바둑이 게임에서는 첫 번째 커트를 의미.

초이스(choice) 처음에 카드를 받았을 때 어떤 카드를 버릴지 결정하는 일. 또는 어떤 카드를 오픈 할지 결정하는 일(세븐오디 게임에서).

촉 감각. 보통 촉이 빠르다, 예리하다, 좋다 등의 식으로 표현.

총알 돈. 물이라고도 표현.

추라이(try) 바둑이게임에서 세 장으로 만들어진 족보 상태를 의미한다. 보통 베이스, 3장 등으로도 표현. 세븐오디게임에서는 플러시추라이(플러시 4장), 스트레이트추라이(스트레이트 4장)등으로 표현한다.

취직 게임에 참여하는 것.

취팅(cheating) 모든 카드를 다 받은 후, 그 카드를 한 장씩 오픈하며 하는 게임 룰.

치수구라 실력 차이가 많이 나는 사람들 사이의 게임을 가리키는 말.

칩(chip) 포커게임을 할 때 돈의 대용으로 사용하는 것.

ㅋ **커트**(cut) 카드를 바꾸는 것. 컷이라고도 표현함.

컴퓨터(computer) 사기도박의 일종.

코를 판다 게임을 굉장히 타이트하게 하는 것을 의미.

코앞 베팅이나, 레이즈를 한 사람의 바로 뒤를 의미.

코앞에서 레이즈를 한다 베팅하고 나온 사람 바로 뒤에서 레이즈를 하는 것.

콜(call) 상대의 베팅을 받는 것. 또는 상대의 베팅을 받겠다는 의사 표시.

콜레이즈(call raise) 콜을 한 사람도 레이즈를 할 수 있는 룰.

콧구멍 베트콩, 낮은 포복. 엎드려 쏴.

ㅌ **타임비** 하우스에서 게임을 할 때 시간당 내는 비용. 보통 '1시간에 1인당 00원' 이런 식이다.

타짜 게임을 아주 잘하는 사람을 의미. 마귀, 병장, 중사, 의사, 짝대기 등.

탄 사기도박의 한 종류로, 미리 상황이 만들어져 있는 카드목.

탈 인상. 보통 사진이라고도 표현.

탑(top) 바둑이게임에서 ㉠한 장, 또는 한 장을 바꾸는 것을 의미. ㉡그 숫자로 메이드됐음을 의미. 예) 7탑: 7로 메이드된 것을 의미한다.

탑띠기 로우바둑이게임을 의미.

탑스테이(top stay) 바둑이게임에서 한 장을 바꾼 후 스테이를 하는 것.

탑집 바둑이게임에서 한 장을 바꾼 사람을 의미.

탱크 ㉠웬만해선 잘 죽지 않고 끝가지 콜을 하고 따라다니는 사람. 껌, 본드, 진드기. ㉡무작정 밀어붙이는 사람.

테이블머니(table Money) ㉠테이블 위에 있는 돈. ㉡테이블 위에 올려 있는 돈까지만 베팅할 수 있는 룰. 보통 테이블베팅, 테이블올인, 테이블스테익 등으로도 표현한다.

테이블베팅(table betting) 테이블올인, 테이블스테익, 테이블 머니.

테이블스테익(table stake) 테이블베팅, 테이블올인, 테이블 머니.

테이블올인(table allin) 테이블베팅, ,테이블스테익, 테이블 머니.

투사이즈(two size) 카드를 옆에서 쪼았을 때 점이 두 개 보이는 숫자. 4, 5를 의미.

투컷(two cut) 바둑이게임에서 두 장. 또는 두 장을 바꾸는 것을 의미.

투컷스테이(two cut stay) 바둑이게임에서 두 장을 바꾼 후 스테이를 하는 것.

투투원(2-2-1) 바둑이게임에서 카드를 바꾸는 데 제한을 두는 룰. 즉, 아침에는 두 장까지, 점심에도 두 장까지, 저녁에는 한 장만 바꿀 수 있는 룰.

ㅍ

파인애플(pineapple) 처음에 서비스 카드를 주는 룰.

판데기 ㉠게임 테이블을 의미. 보통, '판데기를 뜯는다', '판데기를 쪼갠다'라는 식으로 돈을 많이 따는 것을 의미한다. ㉡판에 쌓여 있는 돈을 의미. 보통 '판데기가 좋다'라고 하여 판에 돈이 많이 쌓여 있거나, 또는 멤버들이 돈을 많이 가지고 있는 것을 의미한다.

팟(pot) 판에 쌓여 있는 돈을 의미.

팟리미트(pot limit) 바닥에 쌓여 있는 금액까지 베팅할 수 있는 룰. 풀베팅이라고도 한다.

패턴스테이(pattern stay) 바둑이게임에서 처음에 패를 받고 바로 스테이를 하는 것.

퍼펙트(perfect) 바둑이게임에서 A, 2, 3, 4를 의미. 휠, 바이시클, 골프 등으로도 표현. 가끔 '다 더해서 텐'이라고 재미있게 표현하는 사람도 있음. 하이로우 게임에서는 A, 2, 3, 4, 5를 의미.

포사이즈(four size) 카드를 옆에서 쪼았을 때 점이 네 개 보이는 숫자. 9, 10을 의미.

폴드(fold) 드롭, 다이.

플러시(flush) 무늬가 다 같은 것.

플레이어(player) 핸디, 선수.

핑크(pink) 빨간색 카드를 의미.

ㅎ 하우스(house) 포커게임을 하는 장소.

하우스장 하우스의 주인.

하자 문제.

하프(half) 판에 쌓인 금액의 절반을 의미. 또는 그 금액을 베팅하는 행동을 의미.

하프베팅(half betting) 판에 쌓인 돈의 절반까지 베팅할 수 있는 룰.

학교 엔티(ante).

핸디(handy) 플레이어, 선수.

헤즈업(heads up) 1:1대결을 의미. 마사지.

현장 게임이 벌어지는 장소. 창고라고도 표현.

환자 게임을 아주 좋아하는 사람. 그중에서도 특히 하수를 의미.

휘젓는다 흔든다.

휠(wheel) 퍼펙트, 바이시클, 골프 등으로도 표현.

휠추라이(wheel try) ㉠ 바둑이게임에서 휠을 노리는 추라이. 즉, A-2-3, A-2-4, A-3-4, 2-3-4 등의 추라이. ㉡ 은어로, 인상이 좋은 사람. 잘생긴 사람을 의미하기도 한다. 보통 식스로 추라이 라고도 표현. 반대≠나인로 추라이.

흑기사 사기도박을 하는 사람. 반대≠백기사.

흔든다 베팅을 거세게 하는 것을 의미. 보통 휘젓는다고도 표현함.

히든(hidden) 7구. 마지막, 또는 마지막에 받는 카드를 의미. 또는 감춰진 카드.

기타 2단 레이즈 상대의 레이즈를 받고 한 번 더 레이즈를 하는 것. 리레이즈.

3단 레이즈 상대의 2단 레이즈를 받고 한 번 더 레이즈를 하는 것.

3장 바둑이게임에서 세 장으로 만들어진 족보 상태를 의미한다. 보통 추라이, 베이스 등으로도 표현.

4포 네 명이 하는 게임.

5포 다섯 명이 하는 게임.

6포 여섯 명이 하는 게임.

세븐포커 확률표

가능한 족보 현재의 카드		포카드	풀하우스	플러시	스트레이트	트리플	투페어
3 구 째	8-8-8	0.081	0.325				
	8-8-3	0.005	0.075			0.101	0.430
	5-6-7				0.190		
	♦♦♦			0.180			
	♦♦♣			0.031			
4 구 째	8-8-8-5	0.061	0.322				
	10-10-K-K	0.005	0.229				
	J-J-3-5	0.003	0.051			0.083	0.416
	8-9-10-J				0.428		
	5-6-8-9				0.247		
	5-6-7-K				0.112		
	♦♦♦♦			0.471			
	♦♦♦♣			0.106			
5 구 째	8-8-8-5-3	0.041	0.287				
	10-10-K-K-6	0.002	0.151				
	J-J-3-5-9		0.025			0.068	0.375
	8-9-10-J-5				0.315		
	5-6-8-9-K				0.165		
	♦♦♦♦♣			0.350			
	♦♦♦♣♣			0.041			
6 구 째	8-8-8-5-3-2	0.020	0.196				
	10-10-K-K-6-3		0.086				
	J-J-3-5-9-10					0.043	0.261
	8-9-10-J-5-2				0.173		
	5-6-8-9-K-3				0.087		
	♦♦♦♦♣♣			0.195			

단, ① 8-8-8 로 시작 ⇨ K포카드가 되는 경우
　　② 4-4-5-5 로 시작 ⇨ 7풀하우스가 되는 경우
　　③ ♦ ♦ ♣ 로 시작 ⇨ ♣플러시가 되는 경우
　　※ 이와 같이 실현 가능성이 거의 희박한 부분의 확률은 무시하였음을 밝혀둔다.